SAMMLUNG GÖSCHEN BAND 354

# VEKTORANALYSIS

Von

DR. SIEGFRIED VALENTINER
Prof. emer. für Physik an der Bergakademie Clausthal

Mit 19 Figuren

Siebente, wesentlich veränderte Auflage

WALTER DE GRUYTER & CO.
vormals G. J. Göschen'sche Verlagshandlung · J. Guttentag, Verlagsbuchhandlung · Georg Reimer · Karl J. Trübner · Veit & Comp.
Berlin 1950

Archiv-Nr. 110354

Satz und Druck von Oswald Schmidt GmbH., Leipzig M 118

# Inhaltsverzeichnis

## II. Teil

## Anwendung in einigen physikalischen Gebieten



### Kapitel 1

### Einige Sätze der Potentialtheorie



### Kapitel 2

### Einige Sätze der Hydrodynamik

## Kapitel 3

### Einiges aus der Theorie der Elektrizität



## III. Teil

### Lineare Vektorfunktionen, Dyaden, Tensoren

# Schrifttum

## Aus der ersten Zeit der Entwicklung

Möbius, Der baryzentrische Kalkül, ein neues Hilfsmittel zur analytischen Behandlung der Geometrie dargestellt und insbes. auf die Bildung neuer Klassen von Aufgaben und die Entwicklung mehrerer Eigenschaften der Kegelschnitte angewendet. Leipzig 1827.

Graßmann, Die Ausdehnungslehre von 1844 oder die lineare Ausdehnungslehre, ein neuer Zweig der Mathematik. 2. Aufl. Leipzig 1878.

— Die Ausdehnungslehre. Berlin 1862.

Hamilton, Elemente der Quaternionen; deutsch von Glan. Leipzig 1884.

Tait, Elementares Handbuch der Quaternionen; deutsch von v. Scherff. Leipzig 1880.

---

Die moderne Behandlung der Vektoranalysis und ihrer Verwendungsmöglichkeit findet man in zahlreichen Lehrbüchern der Vektorrechnung; mehr oder weniger ausführlich dargestellt ist sie in allgemeinen Hand- und Lehrbüchern der Mathematik und in Lehrbüchern der theoretischen Physik.

---

# Einleitung

## § 1. Darstellung der Resultante eines Kraftsystems

Die Vektoranalysis ist eine mathematische Disziplin, die sich in ihrem Aufbau fast so vollkommen an die Anschauung anlehnt wie die Geometrie selbst: sie bildet ihre Begriffe und Schlüsse gerade denen der Geometrie nach. Inwiefern sie dadurch zu einer knapperen, übersichtlicheren und anschaulicheren Darstellung aller solcher Erfahrungen führt, die auf den zwei- oder dreidimensionalen Raum sich beziehen, als die gewöhnliche Analysis, will ich in dem ersten Paragraphen an einem Beispiel zeigen. Dasselbe ist zugleich geeignet, den Unterschied der beiden wichtigsten Begriffe der Vektoranalysis: der skalaren Größe und des Vektors, hervortreten zu lassen.

Es mögen an $n$ Punkten eines freien, starren Körpers $p_1 \dots p_n$ die Kräfte $P_1 \dots P_n$ angreifen. Ein solches System von Kräften läßt sich ersetzen durch eine resultierende Einzelkraft und ein Kräftepaar, das von dem Angriffspunkt der Einzelkraft abhängig ist. Der analytische Ausdruck der Einzelkraft und des Kräftepaars wird gewonnen, indem man die Kräfte in die Komponenten nach den drei Richtungen, z. B. eines rechtwinkligen Koordinatensystems zerlegt und diese in geeigneter Weise zu drei resultierenden Komponenten einer Einzelkraft und eines Kräftepaars wieder zusammensetzt. So lehrt es die analytische Mechanik. Anschaulicher und, man möchte sagen, direkter wird die Aufgabe auf geometrischem Wege ohne Zerlegung in Komponenten in folgender Weise durch wiederholte Anwendung der Sätze vom Parallelogramm der Kräfte und der statischen Momente gelöst.

Man denkt sich (vgl. Fig. 1) zwei neue Kraftsysteme dem ursprünglichen $P_1 \ldots P_n$ zugefügt, die dadurch gewonnen werden, daß man in einem und demselben,

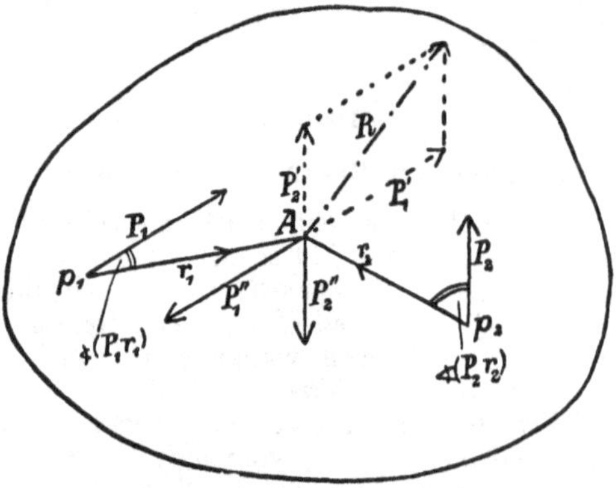


Fig. 1

aber beliebigen Punkt Kräfte $P_1' \ldots P_n'$ angreifen läßt, die den gegebenen gleich und gleich gerichtet sind, und solche $P_1'' \ldots P_n''$, die ihnen gleich, aber entgegengesetzt gerichtet sind. Das System $P_1' \ldots P_n'$ setzt man nach dem Satz vom

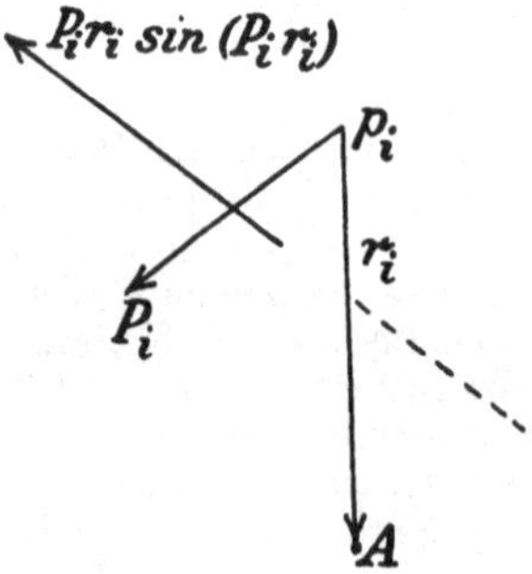


Fig. 2

Parallelogramm der Kräfte oder, wie man kurz zu sagen pflegt, durch geometrische Addition zu der Resultierenden $R$ zusammen:

(1) $$R = P'_1 \,(+) \ldots (+)\, P'_n,$$

wo das Zeichen (+) anzeigen soll, daß die Kräfte geometrisch zu addieren sind, also mit Rücksicht auf die Richtung der Kraft, wie es z. B. auf dem Zeichenbrett geschehen kann.

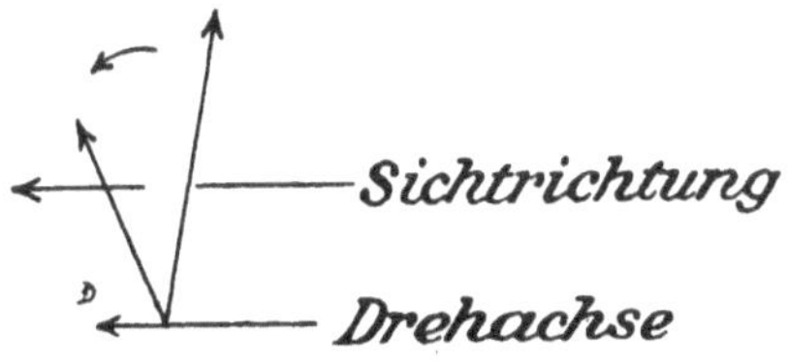


Fig. 2 a

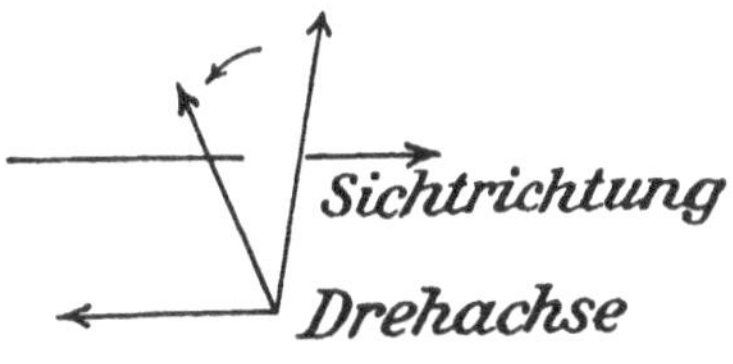


Fig. 2 b

Die beiden anderen Kraftsysteme stellen ein System von Kräftepaaren dar, deren statische Momente dem absoluten Betrage nach, also abgesehen vom Richtungssinn, den Wert haben:

$$P_i r_i \sin (P_i r_i),$$

wenn $r_i$ die Entfernung des Angriffspunktes der Kraft $P_i$ von dem willkürlich gewählten Angriffspunkt $A$ der resultierenden Einzelkraft $R$ bedeutet und nach dem Angriffspunkt der letzteren gerichtet ist, und wenn für den Winkel

$(P_i r_i)$ immer der Wert gesetzt wird, der $< \pi$ ist. Die Größe dieser Momente tragen wir als Strecken von einem beliebig gewählten Punkt aus parallel der Drehungsachse nach der Richtung hin ab, daß die **Drehungsrichtung des Kräftepaares, von dieser Richtung aus betrachtet, positiv, d. h. entgegen der Bewegung des Uhrzeigers gerichtet**[1])

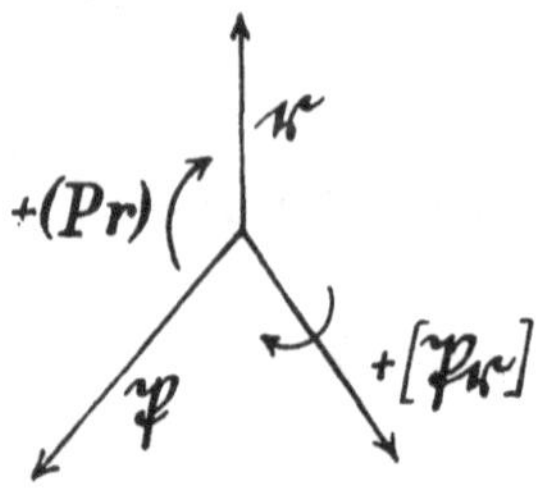


Fig. 2 c

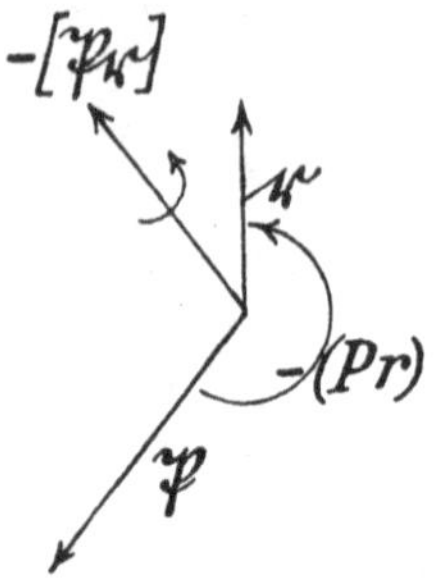


Fig. 2 d

(vgl. Fig. 2) erscheint. Diese Strecken addieren wir geometrisch in gleicher Weise wie vorher die Kräfte und erhalten als resultierendes statisches Moment:

$$M = [P_1 r_1 \sin (P_1 r_1)] (+) \ldots (+) [P_n r_n \sin (P_n r_n)].$$

Diesen Ausdruck können wir in eindeutiger Weise kürzer auch so schreiben:

$$(2) \qquad M = (P_1 r_1) (+) (P_2 r_2) (+) \ldots (+) (P_n r_n),$$

wenn wir unter $(P_i r_i)$ eine Strecke verstehen, deren absoluter Betrag gleich ist dem Produkt: $P_i r_i \sin (P_i r_i)$, und die senkrecht zu der Ebene $P_i$, $r_i$ nach der Seite der Ebene gerichtet ist, daß der Übergang der Richtung $P_i$ in die Richtung $r_i$, von der Strecke $(P_i r_i)$ aus gesehen, einer positiven Drehung entspricht.

In Fig. 1 ist die resultierende Einzelkraft $R$ und die bei-

[1]) In Richtung der Drehachse gesehen erscheint die Drehung in der Bewegung des Uhrzeigers. (Vgl. Fig. 2a—d.)

den Momente $(P_1 r_1)$ und $(P_2 r_2)$ für die beiden an den Punkten $p_1$, resp. $p_2$ des starren Körpers angreifenden Kräfte konstruiert worden mit der willkürlichen Wahl des Angriffspunktes $A$ der Resultierenden. Die Punkte $p_1$, $p_2$ und $A$ mögen mitsamt der Kraftrichtung $P_1$ in der Zeichenebene liegen, $P_2$ sei aus der Ebene heraus nach oben gerichtet. In Fig. 3 ist die Konstruktion des resultierenden statischen

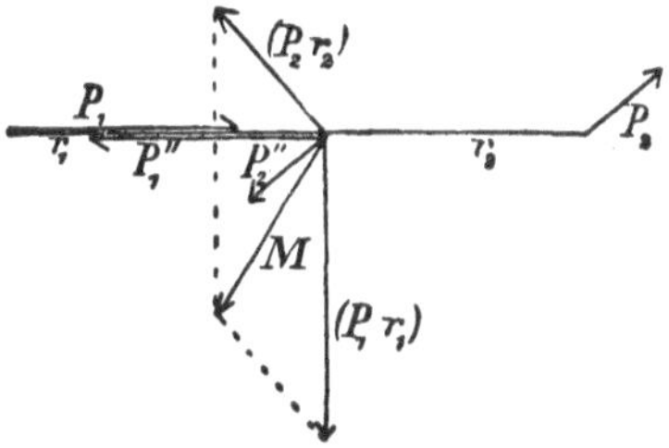


Fig. 3

Momentes $M$ ausgeführt. Die Zeichenebene ist parallel der Drehungsachse des Kräftepaares $(P_1 r_1)$; die die Momente darstellenden Strecken sind der Größe und Richtung nach von einem Punkt aus abgetragen und ergeben durch geometrische Addition die Strecke $M$, die der Größe und Richtung nach das resultierende Drehmoment darstellt.

Die Gleichungen (1) und (2) geben eine symbolische Darstellung der geometrischen Konstruktion. Während man in der analytischen Darstellung nur Größen gleicher Richtung, die Komponenten, addiert, hat man es hier mit einer Addition von Gliedern zu tun, welche sich nicht allein durch ihre Größe, ihren absoluten Betrag, sondern auch durch ihre Richtung voneinander unterscheiden, mit welchen also nur unter Rücksichtnahme auf ihre Richtung gerechnet werden darf. Zum Unterschied von den reinen Zahlen, den **skalaren Größen,** bezeichnet man solche Glieder, die sich von ihresgleichen durch Größe und Richtung unterscheiden können, als gerichtete Größen oder **Vektoren.** Können nun diese Symbole auch zur Beschreibung anderer geometrischer Konstruktionen oder gar physikalischer Erfahrungen benutzt werden und lassen sich einfache analytische Rechnungsregeln für dieselben angeben, die nicht für jeden weiteren Schluß eine Übertragung der Symbole in die gewöhnliche analytische Schreibweise erfordern, so können sie eine brauchbare und infolge der Anlehnung an die Geometrie beträchtlich einfachere Beschreibung liefern als die rein algebraisch analytische Ausführung. In der Tat ist man imstande gewesen, eine Reihe von Rechnungsregeln abzuleiten, die den Regeln der gewöhnlichen Analysis mit skalaren Größen analog sind. Der Ableitung dieser Regeln, welche die notwendige Grundlage der Darstellungsmethode durch Vektoren bildet, ist der erste Teil dieses Bändchens gewidmet. Zur Übung in der Handhabung der Rechnungsregeln werden im zweiten Teil einige Anwendungen aus physikalischen Gebieten besprochen. Endlich soll im dritten Teil auf eine wichtige Erweiterung der Vektorrechnung, die Behandlung der linearen Vektorfunktionen (Tensoren, Dyaden) eingegangen werden.

Als die eigentlichen Begründer der Vektorrechnung sind Graßmann und Hamilton zu nennen, die nahezu gleichzeitig und ganz unabhängig voneinander den Vektorbegriff in die analytische Rechnung eingeführt haben, wenn auch in jener Zeit (um 1844) Ansätze zu dieser Methode von anderen versucht worden sind oder schon vorhanden waren, wie in dem „baryzentrischen Kalkül" von Möbius (1828). Mehr als alle anderen waren sich jene beiden der Bedeutung der neuen Methode bewußt. Die Gesichtspunkte, von denen sie ausgingen, sind außerordentlich verschieden, indem Hamilton sich mehr der Geometrie anschloß, während Graßmann die Geometrie nur dazu verwenden wollte, anschauliche Beispiele für seine umfassender angelegte Theorie zu gewinnen. Seine Sätze sollten keine bloßen Übertragungen geometrischer Sätze in die abstrakte Sprache sein, sondern durch Erweiterung auf mehr als dreidimensionale Gebilde eine allgemeine Bedeutung gewinnen. Man unterscheidet dementsprechend zwei Richtungen in der Darstellungsweise der Vektorrechnung, die sich aber in den Anwendungen auf die Geometrie oder physikalische Beschreibung aufs engste berühren und zum Teil ergänzen.

I. Teil

# Rechnungsregeln der Vektoranalysis

## § 2. Definition des Vektors und der skalaren Größe

Wir nannten in § 1 die Kräfte und die statischen Momente sowie auch die Resultierenden, die im Raum als gerichtete Strecken abgebildet werden können, Vektoren. Zur völligen Bestimmung der als erste Beispiele angeführten Vektoren sind drei Angaben, entsprechend den Komponenten in der analytischen Darstellung, hinreichend und notwendig. Drei solche Angaben sind: die Länge des Vektors und die zwei Winkel, die seine Richtung gegen feste Achsen bestimmen. Da es also nur auf die Größe und Richtung der den Vektor darstellenden Strecke ankommen kann, so ist die Darstellung unabhängig von der Lage des Anfangspunktes der Strecke. Soll daher z. B. die Einzelkraft $P$ mit den Komponenten $P_x$, $P_y$, $P_z$, die im Punkt $x, y, z$ eines durch Achsen festgelegten Raumes „$A$" angreift, in dem dreidimensionalen Bildraum „$B$" durch eine Strecke dargestellt werden, so ist die Darstellung insofern auf unendlich vielfache Weise möglich, als der Anfangspunkt der darstellenden Strecke mit dem willkürlich gewählten Koordinatenanfangspunkt des Bildraumes „$B$" zusammenfallen kann oder nicht. In dem Bildraum sind also parallele gleichgerichtete und gleich große Strecken bezüglich ihrer Bedeutung für das dargestellte Objekt völlig äquivalent.

Wir setzen daher als Definition des Vektors fest:

Eine Größe soll **Vektor** genannt werden, wenn die Gesamtheit der verschiedenen Werte, die sie annehmen kann, in umkehrbar eindeutiger und stetiger Weise der Gesamtheit der Strecken im Raum zugeordnet werden kann, die von einem willkürlich gewählten Anfangspunkt ausgehen[1]).

Vektoren sind danach außer den genannten, der Kraft und dem statischen Moment, z. B. die folgenden Größen: Verrückung, Geschwindigkeit, Beschleunigung, Strömung.

Bei den genannten Größen ist kein Zweifel, daß sie definitionsgemäß als Vektoren anzusprechen sind. Es muß indessen noch auf eine andere Gruppe von Vektoren hingewiesen werden, bei denen die Berechtigung des Namens Vektor nicht sofort erkannt werden könnte.

Der absolute Betrag des statischen Moments, d. h. die Größe ohne Bezugnahme auf die Richtung,

$$P_i r_i \sin(P_i, r_i),$$

kann aufgefaßt werden als der Flächeninhalt des Parallelogramms mit den Seiten $P_i$, $r_i$ und dem Winkel $\varphi = (P_i, r_i)$. Als Richtung des das statische Moment darstellenden Vektors wurde bei der geometrischen Addition in § 1 die Normalenrichtung auf die durch $P_i$ und $r_i$ gelegte Ebene benutzt. Wir können danach ein Parallelogramm von bestimmter Größe und gegebener Normalenrichtung ebenfalls als einen Vektor ansehen. Es gehören also unter die oben definierten Vektoren auch solche Größen, die vorgestellt werden können als durch den Anfangspunkt gehende, beliebig begrenzte, ebene Flächenstücke.

Endlich ist noch eine dritte Gruppe von Vektoren hervorzuheben, nämlich solche Größen, die unter dem Bilde von unbegrenzten, nicht durch den Anfangspunkt gehenden Ebenen betrachtet werden können. Die Größe und Richtung dieser Vektoren ist offenbar eindeutig definiert durch Größe und Richtung der vom Anfangspunkt auf die Ebene gefällten Normalen.

Es besteht aber ein prinzipieller Unterschied zwischen den ursprünglich ins Auge gefaßten Vektoren und den beiden hervorgehobenen Gruppen.

[1]) Vektoren sind gerichtete Größen — Größen, die durch eine gerichtete Strecke im Raume dargestellt werden können.

Wenn man von einem Koordinatensystem mit den Achsen $x$, $y$, $z$ zu einem anderen übergeht, welches entgegengesetzt gerichtete Achsen hat[1]), so daß also die Koordinaten des Punktes $x$, $y$, $z$ im zweiten die Werte $-x$, $-y$, $-z$ besitzen, so muß auch die Kraft $P$ bei dieser Transformation in die Kraft $-P$ übergehen. Dagegen wird der das statische Moment darstellende Vektor sein Zeichen nicht ändern, wenn wir, wie in § 1, dem Moment stets das positive Zeichen beilegen, wenn die Drehung von der positiven Seite der Drehungsachse aus gesehen positiv, d. h. entgegen der Uhrzeigerbewegung, gerichtet ist.

Man nennt Vektoren, die ihr Vorzeichen bei der genannten Transformation ändern, und also etwa durch Pfeile darstellbar sind, **polare** Vektoren, solche, die es behalten, darstellbar durch Ebenenstücke mit Umlaufsinn oder rotierende dünne Zylinder von bestimmter Länge, **axiale**, Vektoren[2]). Es sei hier aber besonders betont, was auch aus den nachfolgenden Betrachtungen (insbesondere in § 11–14) hervorgeht, daß es für die Rechnung mit Vektoren völlig bedeutungslos ist, diesen Unterschied zu machen; dazu kommt, daß man häufig gar nicht mit Sicherheit einen Vektor seiner Bedeutung nach als polar oder axial erkennen kann.

Die Abhängigkeit des Vektors vom Ort oder von der Zeit muß natürlich auf den Bildraum selbst oder die den Vektor abbildende Strecke übertragen werden.

Ist in einem Gebiet jedem Punkt ein beliebiger, im allgemeinen stetig mit dem Ort sich ändernder Wert eines Vektors zugeordnet, so nennt man dies Gebiet ein Vektorfeld und spricht in diesem Sinn von Kraftfeld, Momentenfeld, Geschwindigkeitsfeld usw.

Im Gegensatz zu den Vektoren stehen die Größen, zu deren vollständiger Bestimmung nur eine Angabe, der absolute Betrag, notwendig ist, weil ihrem Begriff jede

---

[1]) Ein solches würde als negatives zu bezeichnen sein.

[2]) Die Bezeichnung stammt von W. Voigt. Maxwell (Treatise on electricity and magnetism. London 1873, **1**, Art. 15) bezeichnete die Vektoren als translatorisch und rotatorisch. Wiechert (Ann. Phys. u. Chem. **59**, 1896, S. 187) nannte sie Vektoren und Rotoren.

Beziehung zu einer Richtung im Raum fehlt. Als Beispiele solcher Größen, der sogenannten Skalaren, sind an erster Stelle die absoluten Beträge der Vektoren zu nennen, d. h. die Längen der Vektoren ohne Rücksicht auf ihre Richtung. Andere derartige Größen, die durch Angabe einer sich auf ein bestimmtes Maßsystem beziehenden Zahl vollständig bestimmt werden, sind die Temperatur, die Zeit, die Verhältnisse gleichgerichteter Vektoren usw.

Wir nennen eine Größe einen **Skalar**, wenn die Gesamtheit der verschiedenen Werte, die sie annehmen kann, in stetiger, umkehrbar eindeutiger Weise einer Reihe reeller Zahlen zugeordnet werden kann. Es sind Größen ohne Richtung.

Um im folgenden durch den Anblick der Zeichen schon erkennen zu lassen, ob eine Größe Vektor oder Skalar ist, wollen wir, wie es üblich ist, die Vektoren stets durch deutsche kleine oder große Buchstaben bezeichnen, die skalaren Größen durch lateinische. Den absoluten Betrag eines Vektors und den Vektor selbst werden wir stets durch gleichlautende Buchstaben angeben.

## § 3. Addition, Subtraktion von Vektoren, Multiplikation der Vektoren mit skalaren Größen

Zwei beliebig gerichtete Strecken $\mathfrak{a}$ und $\mathfrak{b}$ (Fig. 4) im Raum werden addiert, indem man den Anfangspunkt der zweiten Strecke an den Endpunkt der ersten verschiebt und die Verbindungslinie vom Anfangspunkt der ersten zum Endpunkt der zweiten zieht. Diese Verbindungslinie $OC$, die Summe der beiden Strecken $\mathfrak{a}$ und $\mathfrak{b}$, ist die vom willkürlich gewählten Anfangspunkt $O$ ausgehende Diagonale des Parallelogramms $OACB$, dessen zwei an den Anfangspunkt der Diagonale stoßende Seiten die von dem Punkte $O$ aus beginnenden Strecken sind.

Da die Vektoren, wie aus der Definition hervorgeht, durch Strecken darzustellen sind, werden Vektoren addiert wie Strecken. Wir wählen als Operationszeichen für die Addition von Vektoren das algebraische Additionszeichen $+$, indem wir jedes Mißverständnis durch die Anwendung der deutschen Buchstaben für Vektoren vermeiden können. In Fig. 4 ist

$$(1) \qquad \mathfrak{a} + \mathfrak{b} = \mathfrak{c}.$$

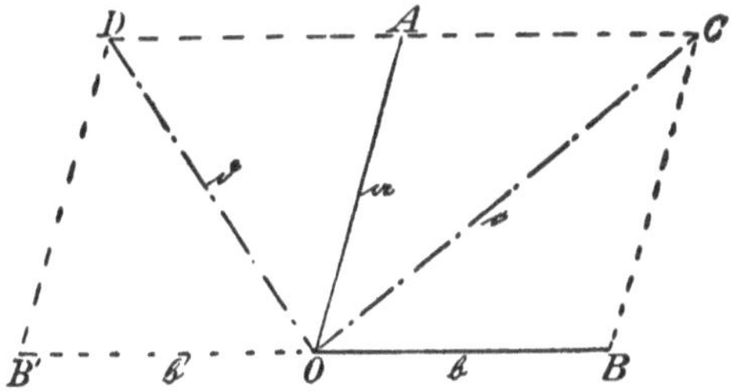


Fig. 4

Die Differenz zweier Vektoren ist nichts anderes als die Summe des ersten und des in entgegengesetzter Richtung genommenen zweiten Vektors, also darstellbar durch die von $O$ ausgehende Diagonale des Parallelogramms $OADB'$, dessen an $O$ anstoßende Seiten der erste Vektor und der nach entgegengesetzter Richtung gezeichnete zweite Vektor, also $-\mathfrak{b} = \mathfrak{b}'$, sind. Oder es ist also

$$(2) \qquad \mathfrak{a} - \mathfrak{b} = \mathfrak{d}.$$

Die beiden Diagonalen des aus den Vektoren $\mathfrak{a}$ und $\mathfrak{b}$ gebildeten Parallelogramms stellen nach Größe und Richtung die Summe resp. die Differenz der zwei Vektoren dar.

Die Differenz zweier Vektoren ist Null, die Vektoren also einander gleich, wenn sie gleiche Größe und gleiche Richtung haben.

Aus der Anschauung ergibt sich sofort, daß

$$\mathfrak{a}_1 + \mathfrak{a}_2 = \mathfrak{a}_2 + \mathfrak{a}_1$$

ist, d. h. das kommutative Gesetz Gültigkeit besitzt.

Die Summe mehrerer Vektoren $\mathfrak{a}_1 \ldots \mathfrak{a}_n$ wird gewonnen durch Addition des dritten zu der Summe der ersten beiden, des vierten zu der Summe der ersten drei usw. Da es wieder auf die Reihenfolge nicht ankommt, so kann auch die Gruppierung geändert werden, d. h. es gilt auch das assoziative Gesetz:

$$(\mathfrak{a}_1 + \mathfrak{a}_2) + \mathfrak{a}_3 + \cdots = \mathfrak{a}_1 + (\mathfrak{a}_2 + \mathfrak{a}_3) + \cdots$$

Beispiel. Gleichung (1) können wir schreiben:

$$\mathfrak{a} + \mathfrak{b} - \mathfrak{c} = 0,$$

oder wenn wir setzen: $-\mathfrak{c} = \mathfrak{c}'$,

$$\mathfrak{a} + \mathfrak{b} + \mathfrak{c}' = 0.$$

Fassen wir die Vektoren $\mathfrak{a}$, $\mathfrak{b}$, $\mathfrak{c}'$ als Kräfte auf, so haben wir den bekannten Satz:

Lassen sich Kräfte, die an einem Punkt angreifen, der Größe und Richtung nach durch solche Strecken darstellen, daß man sie durch parallele Verschiebung zu einem geschlossenen Polygon zusammensetzen kann, so halten sie sich das Gleichgewicht.

Addieren wir $m$ gleiche (d. h. gleich große und gleichgerichtete) Vektoren, so erhalten wir einen Vektor von gleicher Richtung und der $m$-fachen Länge. Ist der absolute Betrag des Vektors $\mathfrak{a}$ gleich $a$,

$$|\mathfrak{a}| = a,$$

so stellt $\frac{\mathfrak{a}}{a}$ einen Vektor von gleicher Richtung wie $\mathfrak{a}$ und dem absoluten Betrag 1 dar. Man nennt einen solchen Vektor einen **Einheitsvektor.** Im allgemeinen ist also ein Vektor das Produkt einer skalaren Größe mit einem Einheitsvektor. Für diese „skalare" Multiplikation gilt, wie aus der Anschauung hervorgeht, ebenfalls wie bei der Addition das kommutative und assoziative Gesetz.

Wir wollen festsetzen, daß die Einheitsvektoren als dimensionslose Größen anzusehen sind. Die Dimension legen wir dem absoluten Betrage bei, der Einheitsvektor gebe allein die Richtung an. Ist z. B. die Geschwindigkeit einer Kugel 400 m/s, und hat die durch die Winkel $\varphi$ und $\vartheta$ gegen feste Achsen bestimmte Richtung, so sagen wir, daß der Einheitsvektor vom absoluten Betrage 1 die Richtung ($\varphi$, $\vartheta$) dieser Geschwindigkeit angibt, während der absolute Betrag der Geschwindigkeit 400 m/s ist.

Die Einheitsvektoren sollen durch einen horizontalen Strich über dem Buchstaben markiert werden, z. B. $\bar{\mathfrak{a}}$.

## § 4. Zerlegung von Vektoren

Um die Richtung eines Vektors oder der ihn darstellenden Strecke angeben zu können, müssen wir die Lage auf zwei willkürlich gewählte Richtungen in dem Bildraum beziehen.

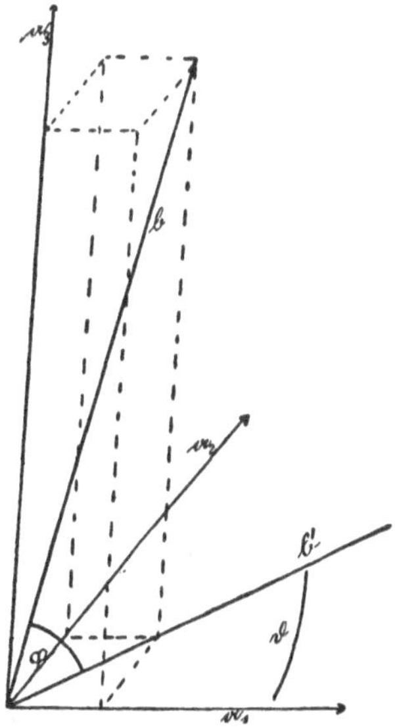

Fig. 5

Wir legen zwei solche Richtungen durch die beiden Einheitsvektoren $\bar{\mathfrak{a}}_1$ und $\bar{\mathfrak{a}}_2$ fest. Dann ist die Richtung eines Vektors $\mathfrak{b}$ gegeben durch den Winkel $\varphi$ zwischen $\mathfrak{b}$ und einer recht- oder schiefwinkligen Projektion $\mathfrak{b}'$ in der Ebene $\bar{\mathfrak{a}}_1$, $\bar{\mathfrak{a}}_2$ und durch den Winkel $\vartheta$ dieser Projektion gegen einen der beiden Vektoren $\mathfrak{a}_1$ oder $\mathfrak{a}_2$. Zur völligen Bestimmung des Vektors $\mathfrak{b}$ gehört noch die Angabe des absoluten Betrages (Fig. 5).

An Stelle dieser drei Angaben ($\varphi$, $\vartheta$, $|\mathfrak{b}|$) können wir mit Bezugnahme auf drei Vektoren drei andere wählen. Außer den Richtungen $\bar{\mathfrak{a}}_1$ und $\bar{\mathfrak{a}}_2$ sei eine dritte $\bar{\mathfrak{a}}_3$ gegeben, die mit $\bar{\mathfrak{a}}_1$, $\bar{\mathfrak{a}}_2$ nicht komplanar (in eine Ebene fallend) sein soll. In Fig. 5 haben wir diese Richtung in die Ebene gelegt, die durch $\mathfrak{b}$ und seine Projektion $\mathfrak{b}'$ bestimmt ist.

Durch den Endpunkt von $\mathfrak{b}$ lassen sich drei Ebenen legen, die den Ebenen: $\bar{\mathfrak{a}}_1$, $\bar{\mathfrak{a}}_2$; $\bar{\mathfrak{a}}_2$, $\bar{\mathfrak{a}}_3$: $\bar{\mathfrak{a}}_3$, $\bar{\mathfrak{a}}_1$ parallel sind. $\mathfrak{b}$ ist dann die Diagonale eines Rhomboeders, dessen Kanten den drei Achsen parallel sind und sich daher durch die mit skalaren Größen multiplizierten drei Einheitsvektoren $\bar{\mathfrak{a}}_1$, $\bar{\mathfrak{a}}_2$, $\bar{\mathfrak{a}}_3$ ausdrücken lassen. Nach § 3 ist aber diese Diagonale gleich der Summe der drei Seiten. Es ist:

$$\mathfrak{b} = b_1 \bar{\mathfrak{a}}_1 + b_2 \bar{\mathfrak{a}}_2 + b_3 \bar{\mathfrak{a}}_3 .$$

Daraus geht hervor, daß ein Vektor sich durch drei nichtkomplanare, willkürliche Einheitsvektoren und skalare Größen bestimmen läßt, — durch zwei dann und nur dann, wenn der Vektor in die Ebene der beiden Einheitsvektoren fällt, z. B. $b_1 = 0$ ist, also:

$$\mathfrak{b} = b_2 \bar{\mathfrak{a}}_2 + b_3 \bar{\mathfrak{a}}_3 ,$$

Bedingung der Komplanarität dreier Vektoren, — durch einen dann und nur dann, wenn der Vektor in die Richtung des Einheitsvektors fällt, z. B.: $b_1 = b_2 = 0$, also:

$$\mathfrak{b} = b_3 \bar{\mathfrak{a}}_3 ,$$

Bedingung der Kollinearität. Man nennt die drei Projektionen die Komponenten des Vektors und sagt:

Zur vollständigen Bestimmung des Vektors $\mathfrak{b}$ im Raume ist hinreichend und notwendig die Angabe von Komponenten des Vektors in drei willkürlich vorgegebenen, nichtkomplanaren Richtungen.

Ein spezieller Fall hiervon ist die Angabe des Vektors durch Komponenten in drei zueinander senkrechten Richtungen, die Darstellung des Vektors in einem rechtwinkligen Koordinatensystem. Die Einheitsvektoren in Richtung dreier willkürlich gewählter, rechtwinklig zueinander stehender Achsen sollen stets durch die drei Buchstaben $\mathfrak{i}$, $\mathfrak{j}$, $\mathfrak{k}$ wiedergegeben werden (resp. wenn mehrere derartige Achsensysteme in einer Entwicklung vorkommen, durch $\mathfrak{i}'$, $\mathfrak{i}''$ usw.).

Jeder Vektor ist also in der Form darstellbar:

$$\mathfrak{b} = x\mathfrak{i} + y\mathfrak{j} + z\mathfrak{k} ,$$

wo $x$, $y$, $z$ skalare Größen bedeuten.

Diese skalaren Größen selbst, also die Komponenten in 3 willkürlich vorgegebenen Richtungen $\mathfrak{b}_1$, $\mathfrak{b}_2$, $\mathfrak{b}_3$ oder $\mathfrak{x}$, $\mathfrak{y}$, $\mathfrak{z}$, vektoriell zu finden, kann erst später (in § 7 und § 14) gelehrt werden.

## § 5. Gleichungen zwischen Vektoren

Aus diesen Betrachtungen ergeben sich die folgenden Sätze:

1. Zwei Vektoren sind einander gleich dann und nur dann, wenn die sie definierenden drei Bestimmungsstücke paarweise einander gleich sind. Eine lineare Gleichung zwischen Vektoren ist somit drei Gleichungen zwischen skalaren Größen, d. h. drei gewöhnlichen algebraischen Gleichungen, äquivalent.

2. Die Gleichung:

$$\mathfrak{a}_1 = x\,\mathfrak{a}_2 + y\,\mathfrak{a}_3$$

ist bei variablem $x$ und $y$ die vektoranalytische Darstellung einer Ebene, die die beiden Vektoren $\mathfrak{a}_2$ und $\mathfrak{a}_3$ enthält, denn sie stellt die Gesamtheit aller in dieser Ebene liegenden Geraden dar.

$$\mathfrak{a}_1 = x\,\mathfrak{a}_2 + y\,\mathfrak{a}_3 + \mathfrak{a}_4$$

ist die Gleichung einer Ebene, die den Vektoren $\mathfrak{a}_2$ und $\mathfrak{a}_3$ parallel ist und durch den Endpunkt von $\mathfrak{a}_4$ geht.

3. Ferner ist

$$\mathfrak{a}_1 = \mathfrak{a}_2 + x\,\mathfrak{a}_3$$

der Ausdruck einer zu $\mathfrak{a}_3$ parallelen, durch den Endpunkt von $\mathfrak{a}_2$ hindurchgehenden Geraden.

4. Die Endpunkte von drei (resp. vier) von demselben Ausgangspunkt ausgehenden Vektoren liegen in einer Geraden (resp. Ebene), wenn zwischen den drei (resp. vier) Vektoren eine lineare Gleichung existiert, in der die Summen aller Vektorkoeffizienten zu beiden Seiten des Gleichheitszeichens einander gleich sind.

Denn liegt der Endpunkt von $\mathfrak{a}_1$ auf der Geraden durch die Endpunkte von $\mathfrak{a}_2$ und $\mathfrak{a}_3$ (resp. in der Ebene durch die Endpunkte von $\mathfrak{a}_2$, $\mathfrak{a}_3$, $\mathfrak{a}_4$), so gilt:

$$x\,(\mathfrak{a}_2 - \mathfrak{a}_3) = \mathfrak{a}_1 - \mathfrak{a}_3 \;[\text{resp. } x\,(\mathfrak{a}_2 - \mathfrak{a}_4) + y\,(\mathfrak{a}_3 - \mathfrak{a}_4) = \mathfrak{a}_1 - \mathfrak{a}_4].$$

In diesem Lehrsatz lassen sich Haupt- und Nebensatz miteinander vertauschen.

Beispiel. Es soll gezeigt werden, daß die Diagonale eines Parallelogramms im Verhältnis von $n:1$ durch die Verbindungslinie einer Ecke mit dem $(n-1)$ten Teil der Gegenseite geteilt wird.

In Fig. 6 sei

$$\mathfrak{a}' = \frac{1}{n-1}\,\mathfrak{a}_2, \qquad \mathfrak{c} = \frac{1}{x}\,\mathfrak{b}_1.$$

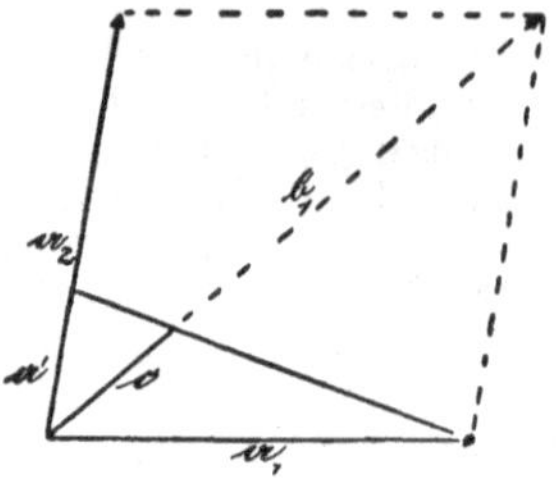

Fig. 6

Nach Voraussetzung ist

$$\mathfrak{b}_1 = \mathfrak{a}_1 + \mathfrak{a}_2,$$

oder

$$\mathfrak{b}_1 = \mathfrak{a}_1 + (n-1)\,\mathfrak{a}'.$$

Da der Endpunkt von $\mathfrak{c}$ so gewählt werden soll, daß er auf der Geraden durch die Endpunkte von $\mathfrak{a}_1$ und $\mathfrak{a}'$ liegt, so muß nach dem eben ausgesprochenen Satz

$$x = 1 + (n-1) = n$$

sein, was zu beweisen war.

## § 6. Multiplikation von Vektoren

Die Multiplikation skalarer Größen untereinander oder mit Vektoren folgt den Regeln der gewöhnlichen Algebra (vgl. § 3), es gilt das assoziative und kommutative Gesetz, d. h. es ist

$$m(n\,\mathfrak{a}) = n\,(m\,\mathfrak{a}) = (mn)\,\mathfrak{a},$$

wie auch das distributive Gesetz, d. h. es ist

$$m(\mathfrak{a} + \mathfrak{b}) = m\,\mathfrak{a} + m\,\mathfrak{b}$$

und

$$(m+n)\,\mathfrak{a} = m\,\mathfrak{a} + n\,\mathfrak{a}.$$

Die Multiplikation von Vektoren untereinander folgt anderen Regeln. Um diese abzuleiten, gehen wir von der Erfahrung aus.

1. Das Produkt aus der der Größe und Richtung nach gegebenen Kraft $\mathfrak{P}$ mit der in gleicher Weise gegebenen Wegstrecke $\mathfrak{s}$, längs welcher sie wirkt, bestimmt der Größe nach eine Arbeit:

$$A = Ps\cos(\mathfrak{P}, \mathfrak{s}).$$

2. Das Produkt aus einer Kraft $\mathfrak{P}$, die an einem Punkt eines um einen Punkt drehbaren Körpers angreift, mit der Entfernung $\mathfrak{r}$ der beiden Punkte bestimmt der Größe und Richtung nach einen Vektor, das statische Moment $\mathfrak{M}$; der absolute Betrag desselben ist

$$M = Pr\sin(\mathfrak{P}, \mathfrak{r});$$

seine Richtung ist senkrecht zur Ebene $\mathfrak{P}$, $\mathfrak{r}$, und zwar so, daß die kürzeste Drehung der Kraftrichtung in die Richtung: Angriffspunkt → Drehpunkt, von der positiven Seite der Drehungsachse gesehen, entgegen dem Sinn des Uhrzeigers verläuft, in Übereinstimmung mit der Festsetzung in § 1.

Aus dem 1. Beispiel folgt:

Das Produkt zweier Vektoren kann eine skalare Größe sein, deren Betrag gleich ist dem Produkt der absoluten Beträge der zwei Vektoren, multipliziert mit dem Kosinus des Winkels zwischen den beiden Richtungen der Vektoren, oder gleich dem Produkt des absoluten Betrages des einen Vektors mit der Projektion des anderen auf die Richtung des ersteren.

Aus dem 2. Beispiel folgt:

Das Produkt zweier Vektoren kann einen neuen Vektor darstellen, dessen absoluter Betrag gleich dem Flächeninhalt des aus den Vektoren als Seiten gebildeten Parallelogramms ist, und dessen Richtung senkrecht zu der Ebene der beiden Vektoren zeigt und nach der Seite, daß für einen, der in dieser Richtung steht, die kürzeste Drehung des bei Angabe des Produktes zuerst genannten Vektors in die Richtung des anderen entgegen dem Sinn des Uhrzeigers verläuft.

Das erste Produkt bezeichnet man als **skalares Produkt**[1]) und benutzt dafür die symbolische Schreibweise $(\mathfrak{a}, \mathfrak{b})$ oder $\mathfrak{a}\mathfrak{b}$ oder $\mathfrak{a} \cdot \mathfrak{b}$; das zweite führt den Namen **vektorielles Produkt** oder **Vektorprodukt**[2]) und das Symbol $[\mathfrak{a}\mathfrak{b}]$ oder $[\mathfrak{a}, \mathfrak{b}]$ oder $\mathfrak{a} \times \mathfrak{b}$.

## § 7. Skalares Produkt

1. Aus der Definition des skalaren Produktes:

$$\mathfrak{a}\mathfrak{b} = |\mathfrak{a}| \cdot |\mathfrak{b}| \cdot \cos(\mathfrak{a}, \mathfrak{b})$$

folgt unmittelbar die Gültigkeit des kommutativen Gesetzes:

$$\mathfrak{a}\mathfrak{b} = \mathfrak{b}\mathfrak{a}, \tag{1}$$

da

$$\cos(\mathfrak{a}, \mathfrak{b}) = \cos(\mathfrak{b}, \mathfrak{a}) \quad \text{ist.}$$

Für die Multiplikation mit skalaren Größen besteht das distributive Gesetz, es ist

$$(x\mathfrak{a})\,\mathfrak{b} = x(\mathfrak{a}\mathfrak{b}) = x|\mathfrak{a}| \cdot |\mathfrak{b}| \cdot \cos(\mathfrak{a}, \mathfrak{b}),$$

da das distributive Gesetz für die Multiplikation der absoluten Beträge nach den Regeln der Algebra Gültigkeit besitzt. Endlich ergibt sich aus der Definition des skalaren Produktes und der Tatsache, daß die Summe der Projektionen von Strecken auf eine Strecke gleich der Projektion der Summe der Strecken ist, das distributive Gesetz:

$$(\mathfrak{a} + \mathfrak{b})\,\mathfrak{c} = \mathfrak{a}\mathfrak{c} + \mathfrak{b}\mathfrak{c},$$

---

[1]) Die Bezeichnung geht auf Hamilton zurück, er benutzte für den negativ genommenen Betrag das Symbol:

$$S\mathfrak{a}\mathfrak{b} = -|\mathfrak{a}| \cdot |\mathfrak{b}| \cdot \cos(\mathfrak{a}, \mathfrak{b});$$

Graßmann nannte dasselbe inneres Produkt und schrieb $[\mathfrak{a} \mid \mathfrak{b}]$; Gibbs sprach von einem „direct product“, oder „dot product“, $\mathfrak{a} \cdot \mathfrak{b}$ oder $(\mathfrak{a}, \mathfrak{b})$; Heaviside schrieb $\mathfrak{a}\mathfrak{b}$.

[2]) Graßmann: äußeres Produkt, $[\mathfrak{a}\mathfrak{b}]$; Hamilton: vektorieller Teil des Quaternionenproduktes, $V\mathfrak{a}\mathfrak{b}$; Gibbs: Vektorprodukt oder „skew product“ oder „cross product“, $\mathfrak{a} \times \mathfrak{b}$.

2. Das skalare Produkt eines Vektors mit einem Einheitsvektor ist nichts anderes als die Projektion des Vektors auf die Richtung des Einheitsvektors. Das skalare Produkt zweier Einheitsvektoren ist der Kosinus des Winkels zwischen ihren Richtungen. Die Gleichung:

$$\mathfrak{a}\mathfrak{b} = 0 \tag{2}$$

zwischen zwei Vektoren von endlichem Betrag ist somit der Ausdruck dafür, daß die Vektoren senkrecht zueinander stehen.

Um nicht Widerspruch mit der definitionsmäßig geforderten Regel der Algebra zu empfinden, nach welcher ein Produkt nur verschwinden kann, wenn einer der Faktoren Null ist, müssen wir uns immer daran erinnern, daß das Zeichen $(\mathfrak{a}, \mathfrak{b})$ oder $\mathfrak{a}\mathfrak{b}$ ein Symbol ist und nicht das Produkt der beiden Größen $\mathfrak{a}$ und $\mathfrak{b}$, sondern das Produkt der einen mit der Projektion der anderen auf die erste darstellt.

Fallen die Richtungen der Vektoren zusammen, so ist das skalare Produkt der Vektoren gleich dem Produkt der absoluten Beträge. Im besonderen ist

$$\mathfrak{a}^2 = a^2. \tag{3}$$

Hieraus folgen für die Einheitsvektoren $\mathfrak{i}$, $\mathfrak{j}$, $\mathfrak{k}$ die Beziehungen:

$$\begin{cases} \mathfrak{i}\mathfrak{i} = \mathfrak{j}\mathfrak{j} = \mathfrak{k}\mathfrak{k} = 1, \\ \mathfrak{i}\mathfrak{j} = \mathfrak{j}\mathfrak{k} = \mathfrak{k}\mathfrak{i} = 0. \end{cases} \tag{4}$$

Sind die Vektoren $\mathfrak{a}$ und $\mathfrak{b}$ durch die Einheitsvektoren $\mathfrak{i}$, $\mathfrak{j}$, $\mathfrak{k}$ ausgedrückt,

$$\begin{cases} \mathfrak{a} = a_1 \mathfrak{i} + a_2 \mathfrak{j} + a_3 \mathfrak{k}, \\ \mathfrak{b} = b_1 \mathfrak{i} + b_2 \mathfrak{j} + b_3 \mathfrak{k}, \end{cases} \tag{5}$$

so kann auf Grund der Gleichungen (4) das skalare Produkt geschrieben werden:

$$\boldsymbol{\mathfrak{a}\mathfrak{b}} = \boldsymbol{a_1 b_1 + a_2 b_2 + a_3 b_3}. \tag{6}$$

und

$$\mathfrak{a}^2 = a^2 = a_1^2 + a_2^2 + a_3^2.$$

Der absolute Betrag $a$ eines Vektors $\mathfrak{a}$ ist also:

(7) $$|\mathfrak{a}| = a = +\sqrt{a_1^2 + a_2^2 + a_3^2}.$$

Durch Multiplikation der Gleichung ($5_1$) mit dem Einheitsvektor $\mathfrak{i}$, resp. $\mathfrak{j}$, $\mathfrak{k}$, erhalten wir:

(8) $$\begin{cases} a_1 = \mathfrak{a}\mathfrak{i} = a \cos(\mathfrak{a}, \mathfrak{i}), \\ a_2 = \mathfrak{a}\mathfrak{j} = a \cos(\mathfrak{a}, \mathfrak{j}), \\ a_3 = \mathfrak{a}\mathfrak{k} = a \cos(\mathfrak{a}, \mathfrak{k}), \end{cases}$$

woraus die Bedeutung dieser skalaren Komponenten als der mit dem absoluten Betrag $a$ des Vektors multiplizierten Richtungskosinus zu erkennen ist.

Sind die Vektoren durch drei nicht in einer Ebene liegende, schiefwinklig zueinanderstehende Vektoren $\mathfrak{l}$, $\mathfrak{m}$, $\mathfrak{n}$ ausgedrückt:

$$\mathfrak{a} = a_1\mathfrak{l} + a_2\mathfrak{m} + a_3\mathfrak{n},$$
$$\mathfrak{b} = b_1\mathfrak{l} + b_2\mathfrak{m} + b_3\mathfrak{n},$$

so nimmt das Produkt die Form an:

(9) $$\mathfrak{a}\mathfrak{b} = a_1b_1 + a_2b_2 + a_3b_3 + (a_1b_2 + b_1a_2)\,\mathfrak{m}\mathfrak{l} + (a_2b_3 + b_2a_3)\,\mathfrak{n}\mathfrak{m} + (a_3b_1 + b_3a_1)\,\mathfrak{l}\mathfrak{n}.$$

## § 8. Anwendungen

1. In nebenstehendem Dreieck (Fig. 7) ist

(1) $$\mathfrak{a} + \mathfrak{b} + \mathfrak{c} = 0,$$

also $$\mathfrak{a}^2 = \mathfrak{b}^2 + 2\mathfrak{b}\mathfrak{c} + \mathfrak{c}^2;$$

in die Sprache der gewöhnlichen Analysis übersetzt, ist das der Kosinussatz:

$$a^2 = b^2 + c^2 + 2bc\cos(180 - \alpha) = b^2 + c^2 - 2bc\cos\alpha.$$

2. Multiplizieren wir Gleichung (1) mit dem Einheitsvektor von $\mathfrak{a}$, so kommt:

$$-a = b\cos(\mathfrak{b}\mathfrak{a}) + c\cos(\mathfrak{c}\mathfrak{a}),$$

eine bekannte Dreiecksformel.

3. In einem Parallelogramm ist die Summe der Quadrate

der Diagonalen gleich der doppelten Summe der Quadrate der nichtparallelen Seiten:

$$\mathfrak{c}^2 = (\mathfrak{a} + \mathfrak{b})^2,$$
$$\mathfrak{d}^2 = (\mathfrak{a} - \mathfrak{b})^2,$$
$$\mathfrak{c}^2 + \mathfrak{d}^2 = 2\,(\mathfrak{a}^2 + \mathfrak{b}^2);$$

ferner:

$$\mathfrak{c}^2 - \mathfrak{d}^2 = 4\,\mathfrak{a}\mathfrak{b}.$$

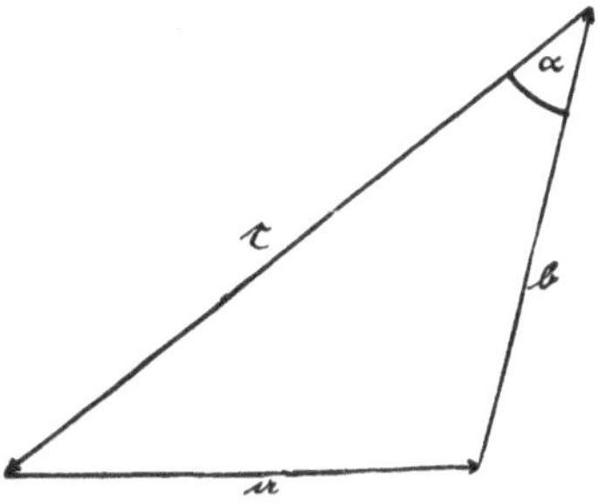


Fig. 7

## § 9. Vektorielles Produkt

Das zur Ableitung der Definition gewählte Beispiel zeigt, wie die Definition selber, daß wir die früher mit axial bezeichneten Vektoren als Produkte zweier polarer Vektoren auffassen können und umgekehrt, wenn freilich auch aus der Angabe dieses axialen Vektors noch nicht die beiden polaren Vektoren eindeutig bestimmt sind.

Die Definition des Vektorproduktes lautet in vektoranalytischer Schreibweise:

(1) $$\mathfrak{c} = [\mathfrak{a}, \mathfrak{b}] = ab \sin(\mathfrak{a}, \mathfrak{b})\,\bar{\mathfrak{c}},$$

wenn $\bar{\mathfrak{c}}$ ein Einheitsvektor senkrecht zu der Ebene der Vektoren $\mathfrak{a}$ und $\mathfrak{b}$ und so gerichtet ist, daß für diese Richtung die kürzeste Drehung des Vektors $\mathfrak{a}$ in die Richtung $\mathfrak{b}$ in dem früher definierten Sinn positiv genannt werden kann; $\mathfrak{c}$ bestimmt der Größe und Richtung nach ein Parallelogramm und ist, wenn $\mathfrak{a}$ und $\mathfrak{b}$ polare Vektoren sind, ein axialer Vektor[1]).

1. Da $$\sin(\mathfrak{a}\mathfrak{b}) = -\sin(\mathfrak{b}\mathfrak{a})$$

so gilt für dieses Produkt nicht das kommutative Gesetz, es ist

$$[\mathfrak{a}\mathfrak{b}] = -[\mathfrak{b}\mathfrak{a}]. \tag{2}$$

Die Multiplikation mit einer skalaren Größe, eine Operation, die sich ja nur auf den absoluten Betrag der Vektoren, nicht auf die Richtung beziehen kann, muß wieder der distributiven Regel folgen:

$$[x\mathfrak{a}, \mathfrak{b}] = [\mathfrak{a}, x\mathfrak{b}] = x[\mathfrak{a}, \mathfrak{b}].$$

Ebenso behält das distributive Gesetz für die vektorielle Produktbildung mehrerer Vektoren Gültigkeit, d. h. es ist

$$[\mathfrak{a} + \mathfrak{b}, \mathfrak{c}] = [\mathfrak{a}, \mathfrak{c}] + [\mathfrak{b}, \mathfrak{c}]. \tag{3}$$

Erster Fall. Es sei $\mathfrak{c}$ nicht komplanar mit $\mathfrak{a}$ und $\mathfrak{b}$. Wir setzen $\mathfrak{a} + \mathfrak{b} = \mathfrak{d}$. Der Einfachheit halber nehmen wir an, $\mathfrak{c}$ sei ein Einheitsvektor $\bar{\mathfrak{c}}$; dann ist der Vektor $[\mathfrak{d}, \bar{\mathfrak{c}}]$ seinem absoluten Betrag nach gleich (Fig. 8)

$$|[\mathfrak{d}\bar{\mathfrak{c}}]| = d \sin(\mathfrak{d}\bar{\mathfrak{c}}) \equiv d'.$$

Ebenso:
$$|[\mathfrak{a}\bar{\mathfrak{c}}]| = a \sin(\mathfrak{a}\bar{\mathfrak{c}}) \equiv a',$$
$$|[\mathfrak{b}\bar{\mathfrak{c}}]| = b \sin(\mathfrak{b}\bar{\mathfrak{c}}) \equiv b'.$$

Die Richtungen der drei Vektoren sind senkrecht zu den Parallelogrammen: $(\mathfrak{d}, \bar{\mathfrak{c}})$ resp. $(\mathfrak{a}, \bar{\mathfrak{c}})$, $(\mathfrak{b}, \bar{\mathfrak{c}})$. $d'$, $a'$, $b'$ sind gleich den absoluten Beträgen der Projektionen $\mathfrak{d}'$, $\mathfrak{a}'$, $\mathfrak{b}'$, durch welche die Vektoren $\mathfrak{d}$, $\mathfrak{a}$, $\mathfrak{b}$ in einer zu $\mathfrak{c}$ senkrechten Ebene abgebildet werden; da nun die drei Vektoren $\mathfrak{a}$, $\mathfrak{b}$, $-\mathfrak{d}$ ein geschlossenes Dreieck bilden, so bilden auch die Projektionen in ein und dieselbe Ebene ein geschlossenes Dreieck, und es ist

$$\mathfrak{a}' + \mathfrak{b}' = \mathfrak{d}'.$$

---

[1]) Man spricht hier zuweilen von „Plangrößen" und meint damit das durch $\mathfrak{a}$ und $\mathfrak{b}$ gebildete Flächenstück mit bestimmtem Umlaufssinn; den dazu senkrechten Vektor $\mathfrak{c}$ nennt man dann die „Ergänzung der Plangröße".

Drehen wir um $\mathfrak{c}$ als Drehungsachse das Dreieck um 90°, so fallen die Seiten $\mathfrak{d}'$, $\mathfrak{a}'$, $\mathfrak{b}'$ der Größe und Richtung nach mit den Vektoren

$$[\mathfrak{a} + \mathfrak{b}, \bar{\mathfrak{c}}], [\mathfrak{a}\bar{\mathfrak{c}}], [\mathfrak{b}\bar{\mathfrak{c}}]$$

zusammen, so daß die Richtigkeit der obigen Gleichung und damit die Gültigkeit des distributiven Gesetzes für den ersten Fall erwiesen ist.

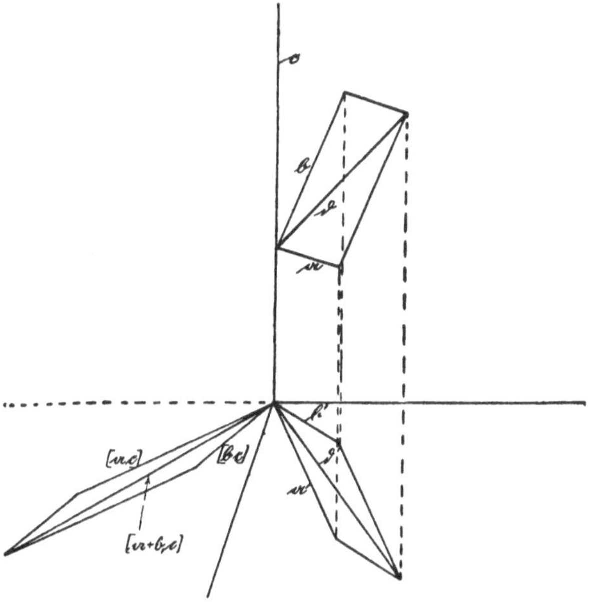

Fig. 8

Zweiter Fall. $\mathfrak{c}$, $\mathfrak{a}$ und $\mathfrak{b}$ liegen in einer Ebene, dann sind alle Richtungen der Vektoren $[\mathfrak{a} + \mathfrak{b}, \mathfrak{c}]$, $[\mathfrak{a}\mathfrak{c}]$, $[\mathfrak{b}\mathfrak{c}]$ parallel, und für die absoluten Beträge, die gleich dem

Flächeninhalt der Parallelogramme $(\mathfrak{a} + \mathfrak{b}, \mathfrak{c})$, $(\mathfrak{a}\mathfrak{c})$, $(\mathfrak{b}\mathfrak{c})$ sind, gilt die Beziehung:

$$|[\mathfrak{a}\mathfrak{c}]| + |[\mathfrak{b}\mathfrak{c}]| = |[\mathfrak{a} + \mathfrak{b}, \mathfrak{c}]|,$$

also ist $$[\mathfrak{a}\mathfrak{c}] + [\mathfrak{b}\mathfrak{c}] = [\mathfrak{a} + \mathfrak{b}, \mathfrak{c}].$$

2. Der Flächeninhalt eines Parallelogramms $ab \sin(\mathfrak{a}, \mathfrak{b})$ mit parallelen Seiten $(\mathfrak{a}, \mathfrak{b})$ ist Null wegen $\sin 0° = 0$, es kann also

$$[\mathfrak{a}\mathfrak{b}] = 0 \tag{4}$$

als der Ausdruck der Parallelität zweier Vektoren betrachtet werden. Dagegen ist der absolute Betrag des Produktes senkrechter Vektoren gleich dem Produkt der absoluten Beträge.

Für die Einheitsvektoren $\mathfrak{i}$, $\mathfrak{j}$, $\mathfrak{k}$ folgt hieraus:

$$\begin{cases} [\mathfrak{i}\mathfrak{i}] = [\mathfrak{j}\mathfrak{j}] = [\mathfrak{k}\mathfrak{k}] = 0, \\ [\mathfrak{i}\mathfrak{j}] = -[\mathfrak{j}\mathfrak{i}] = \mathfrak{k}, [\mathfrak{j}\mathfrak{k}] = -[\mathfrak{k}\mathfrak{j}] = \mathfrak{i}, [\mathfrak{k}\mathfrak{i}] = -[\mathfrak{i}\mathfrak{k}] = \mathfrak{j}. \end{cases} \tag{5}$$

Das Produkt zweier durch die Einheitsvektoren $\mathfrak{i}$, $\mathfrak{j}$, $\mathfrak{k}$ dargestellter Vektoren $\mathfrak{a}$ und $\mathfrak{b}$ läßt sich in Form einer Determinante schreiben:

$$\begin{aligned} [\mathfrak{a}, \mathfrak{b}] &= [\mathfrak{i}\mathfrak{j}](a_1 b_2 - a_2 b_1) \\ &+ [\mathfrak{j}\mathfrak{k}](a_2 b_3 - a_3 b_2) \\ &+ [\mathfrak{k}\mathfrak{i}](a_3 b_1 - a_1 b_3) \\ &= \mathfrak{k}(a_1 b_2 - a_2 b_1) \\ &+ \mathfrak{i}(a_2 b_3 - a_3 b_2) \\ &+ \mathfrak{j}(a_3 b_1 - a_1 b_3) = \begin{vmatrix} \mathbf{i} & \mathbf{j} & \mathbf{k} \\ \boldsymbol{a}_1 & \boldsymbol{a}_2 & \boldsymbol{a}_3 \\ \boldsymbol{b}_1 & \boldsymbol{b}_2 & \boldsymbol{b}_3 \end{vmatrix}. \end{aligned} \tag{6}$$

Die Unterdeterminanten stellen die Projektionen des durch den Vektor $[\mathfrak{a}\mathfrak{b}]$ der Größe und Richtung nach definierten Parallelogramms in die $\mathfrak{j}\mathfrak{k}$, $\mathfrak{k}\mathfrak{i}$, $\mathfrak{i}\mathfrak{j}$-Ebene dar und sind mit $\mathfrak{i}$, bzw. $\mathfrak{j}$, $\mathfrak{k}$ multipliziert die Komponenten des Vektors $[\mathfrak{a}\mathfrak{b}]$ in den Richtungen $\mathfrak{i}$, $\mathfrak{j}$, $\mathfrak{k}$.

3. Die Summe der die Flächen eines Tetraeders darstellenden Vektoren $\mathfrak{a}_1$, $\mathfrak{a}_2$, $\mathfrak{a}_3$, $\mathfrak{a}_4$ mit Richtung nach außen, vgl. Fig. 9, ist Null. Denn:

$$\mathfrak{c}_1 = \mathfrak{b}_2 - \mathfrak{b}_3, \quad \mathfrak{c}_2 = \mathfrak{b}_3 - \mathfrak{b}_1, \quad \mathfrak{c}_3 = \mathfrak{b}_1 - \mathfrak{b}_2,$$

ferner

$$\mathfrak{a}_1 = +\frac{1}{2}[\mathfrak{b}_1 \mathfrak{b}_2], \quad \mathfrak{a}_3 = +\frac{1}{2}[\mathfrak{b}_2 \mathfrak{b}_3], \quad \mathfrak{a}_2 = +\frac{1}{2}[\mathfrak{b}_3 \mathfrak{b}_1],$$

also

$$\mathfrak{a}_4 = +\frac{1}{2}[\mathfrak{c}_1\ \mathfrak{c}_3] = +\frac{1}{2}[(\mathfrak{b}_2 - \mathfrak{b}_3)(\mathfrak{b}_1 - \mathfrak{b}_2)] = -\mathfrak{a}_1 - \mathfrak{a}_2 - \mathfrak{a}_3$$

oder

$$\Sigma\, \mathfrak{a}_i = 0.$$

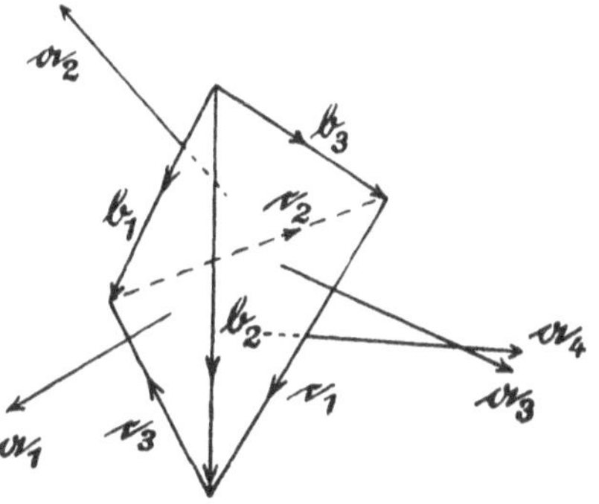

Fig. 9

Allgemein gilt diese Beziehung für geschlossene Polyeder, da sie aus Tetraedern zusammengesetzt gedacht werden können.

## § 10. Anwendung auf die Statik

Ein System von Kräften $\mathfrak{P}_1 \ldots \mathfrak{P}_n$, die an den Punkten $p_1 \ldots p_n$ eines freien, starren Körpers angreifen, halten sich das Gleichgewicht, wenn die resultierende Einzelkraft und das resultierende statische Moment in bezug auf den Koordinatenanfangspunkt Null sind (vgl. § 1). Die Gleichgewichtsbedingungen lauten also:

(1) $$\Sigma\, \mathfrak{P}_i = 0,$$

(2) $$\Sigma\, [\mathfrak{r}_i \mathfrak{P}_i] = 0,$$

wenn $\mathfrak{r}_i$ der Radiusvektor des Punktes $p_i$ von einem willkürlich gewählten Koordinatenanfangspunkt $O$ ist. Ist kein Gleichgewicht vorhanden, so stellen $\Sigma\,\mathfrak{P}_i$ resp. $\Sigma\,[\mathfrak{r}_i\mathfrak{P}_i]$ die am Bezugspunkt $O$ angreifende resultierende Kraft und das resultierende statische Moment für den Bezugspunkt $O$ dar. Eine Änderung des Bezugspunktes ändert im allgemeinen $\Sigma\,[\mathfrak{r}_i\mathfrak{P}_i]$; es sei der neue Bezugspunkt $O'$ durch den Vektor $\mathfrak{a}$, der von $O$ nach $O'$ geht, gegeben, so ist

$$\Sigma\,[\mathfrak{r}_i\mathfrak{P}_i] = +\Sigma\,[\mathfrak{a}\mathfrak{P}_i] + \Sigma\,[\mathfrak{r}_i'\mathfrak{P}_i], \tag{3}$$

worin sich $\mathfrak{r}_i'$ auf den neuen Koordinatenanfangspunkt $O'$ beziehen soll. Ist $\mathfrak{a}$ so gewählt, daß

$$\Sigma\,[\mathfrak{a}\mathfrak{P}_i] = [\mathfrak{a}\,\Sigma\mathfrak{P}_i] = 0,$$

d. h. fällt $\mathfrak{a}$ in die Richtung der resultierenden Einzelkraft, so ist das statische Moment in bezug auf den neuen Koordinatenanfangspunkt $O'$ gleich dem in bezug auf $O$; d. h. es kann der Bezugspunkt des statischen Momentes, ohne eine Änderung desselben hervorzurufen, in Richtung der resultierenden Einzelkraft verschoben werden.

Ist der Körper an dem Punkt $O'$ drehbar befestigt, so wird am Gleichgewicht des Systems nichts geändert, wenn an diesem Punkt eine neue Kraft $\mathfrak{R}$, von welcher Größe und Richtung sie auch sei, angreift. Wählen wir $O'$ als Anfangspunkt, so lauten die Gleichgewichtsbedingungen:

$$\Sigma\mathfrak{P}_i + \mathfrak{R} = 0$$

und

$$\Sigma\,[\mathfrak{r}_i', \mathfrak{P}_i] + [0, \mathfrak{R}] = 0.$$

$\mathfrak{R}$ kann nun immer so gewählt werden, daß der ersten Bedingung genügt wird, d. h. $\Sigma\mathfrak{P}_i$ kann jeden beliebigen Wert annehmen; es bleibt nur die zweite Bedingung zur Existenz des Gleichgewichts übrig:

$$\Sigma\,[\mathfrak{r}_i'\mathfrak{P}_i] = 0.$$

Ist der Körper an zwei Punkten $O$ und $O'$ befestigt, also um die Achse $OO' = \mathfrak{a}$ drehbar, so wird wieder am Gleichgewicht nichts geändert, wenn man in den Punkten $O$ und $O'$ der Achse neue Kräfte $\mathfrak{R}$ und $\mathfrak{R}'$, von welcher Größe und Richtung sie auch sein mögen, angreifen läßt. Den Punkt $O'$ der Achse wählen wir als Bezugspunkt, dann lauten die Gleichgewichtsbedingungen:

$$\begin{cases} \Sigma\mathfrak{P}_i + \mathfrak{R} + \mathfrak{R}' = 0 \\ \Sigma\,[\mathfrak{r}_i - \mathfrak{a}, \mathfrak{P}_i] - [\mathfrak{a}, \mathfrak{R}] = 0. \end{cases} \tag{4}$$

Statt der zweiten Gleichung können wir schreiben:

$$\Sigma[\mathfrak{r}_i \mathfrak{P}_i] - [\mathfrak{a}\Sigma\mathfrak{P}_i] - [\mathfrak{a}, \mathfrak{R}] = 0$$

oder

(5) $$\Sigma[\mathfrak{r}_i \mathfrak{P}_i] + [\mathfrak{a}\,\mathfrak{R}'] = 0,$$

worin $\mathfrak{R}'$ willkürlich gewählt werden kann. Nun ist aber $[\mathfrak{a}\,\mathfrak{R}']$ ein zu $\mathfrak{a}$ senkrechter Vektor. Die Gleichgewichtsbedingung (5) fordert also, daß auch $\Sigma[\mathfrak{r}_i \mathfrak{P}_i]$ ein zu $\mathfrak{a}$ senkrechter Vektor sei. Da Gleichung ($4_1$) infolge des noch frei verfügbaren $\mathfrak{R}$ stets erfüllt werden kann, heißt das, daß immer dann Gleichgewicht der Kräfte, die an einem um eine Achse drehbaren Körper angreifen, vorhanden ist und nur dann, wenn das resultierende Moment $\mathfrak{M} = \Sigma[\mathfrak{r}_i \mathfrak{P}_i]$ der angreifenden Kräfte der Bedingung genügt:

(6) $$(\mathfrak{M}\,\mathfrak{a}) = 0.$$

## § 11. Multiplikation von mehr als zwei vektoriellen Faktoren

Wir haben in § 2 zwei verschiedene Arten von Vektoren kennengelernt, die polaren und die axialen Vektoren. In der Definition der Vektorenprodukte ist auf diesen Unterschied entsprechend der obigen Bemerkung von der Bedeutungslosigkeit des Unterschiedes für die Rechnungsregeln nicht Bezug genommen worden. Da nun die zur Ableitung der Definition benutzten Beispiele nur von Produkten handeln, die aus polaren Vektoren gebildet sind, so ist es, um die Richtigkeit der obigen Bemerkung zu beweisen, notwendig, die anderen Kombinationen zu besprechen; wir werden dabei erkennen, ob die Produkte anders gearteter Vektoren eine besondere Bedeutung haben, und speziell erkennen, ob diese Produkte axialer oder polarer Natur sind. Eine einfache Überlegung ergibt – und die Betrachtungen der folgenden Paragraphen werden das im einzelnen bestätigen –, daß ein Produkt von Vektoren stets axialer Natur sein muß (also von der Richtungsänderung der drei Bezugsachsen unabhängig ist), wenn es alle Faktoren sind oder wenn wenigstens nur eine gerade Anzahl von Faktoren polarer Natur ist (also mit Änderung des Vorzeichens der Bezugsachsen das Vorzeichen ändert). Deshalb und auch im Hinblick darauf, daß, wie oben bemerkt, ein axialer Vektor als das Vektorprodukt zweier polarer betrachtet werden darf, können wir Produkte aus zwei Vektoren, von denen wenigstens einer ein axialer Vektor ist, als ein Produkt von mehr als zwei polaren Vektoren ansehen.

## § 12. Skalares Produkt eines polaren und eines axialen Vektors oder $\mathfrak{c}\,[\mathfrak{a}\mathfrak{b}]$

Ein axialer Vektor ist darstellbar durch die Größe eines Parallelogramms und die Richtung seiner Normalen. Das Produkt eines solchen mit einem polaren Vektor ist gleich dem Inhalt dieses Parallelogramms multipliziert mit der Projektion des polaren Vektors auf die Normale, d. h. gleich dem Inhalt des Parallelepipeds, das über dem Parallelogramm als Basis mit dem polaren Vektor als dritter bestimmender Kante errichtet werden kann. Für den axialen Vektor können wir symbolisch $[\mathfrak{a}\mathfrak{b}]$ schreiben, so daß das skalare Produkt eines polaren und eines axialen Vektors die Form annimmt:

$$\mathfrak{c}\,[\mathfrak{a}\mathfrak{b}],$$

wo $\mathfrak{a}$, $\mathfrak{b}$, $\mathfrak{c}$ nun polare Vektoren vorstellen. Ist daher andererseits nicht bloß das Produkt $[\mathfrak{a}\mathfrak{b}]$ durch Angabe eines axialen Vektors gegeben, sondern die Faktoren $\mathfrak{a}$ und $\mathfrak{b}$ selbst, so ist das dreifache Produkt oder „skalare Tripelprodukt" $\mathfrak{c}\,[\mathfrak{a}\mathfrak{b}]$ gleich dem Inhalt des Parallelepipedes mit den drei bestimmenden Kanten $\mathfrak{a}$, $\mathfrak{b}$, $\mathfrak{c}$.

Wenn wir sämtliche Richtungen, auf welche die Vektoren bezogen werden, umkehren, so ändert der polare Vektor $\mathfrak{c}$ sein Zeichen, während der axiale sein Zeichen behält. Es ändert also auch das Produkt $\mathfrak{c}\,[\mathfrak{a}\mathfrak{b}]$ das Vorzeichen; es ist daher, obgleich es als skalares Produkt eingeführt worden ist, doch von den Richtungen in gewissem Sinne abhängig. Man nennt solche skalare Größen, welche das Zeichen bei Änderung der Bezugsrichtungen in das entgegengesetzte ändern, **Pseudoskalare**[1]). Die Multiplikation eines polaren Vektors mit einer Pseudoskalaren muß danach offenbar einen axialen Vektor ergeben.

Durch zyklische Vertauschung der Achsenrichtungen wird das Vorzeichen nicht geändert, es ist also

$$(1) \qquad \begin{cases} = \quad \mathfrak{c}\,[\mathfrak{a}\,\mathfrak{b}] = \mathfrak{b}\,[\mathfrak{c}\,\mathfrak{a}] = \mathfrak{a}\,[\mathfrak{b}\,\mathfrak{c}] \\ = -\mathfrak{c}\,[\mathfrak{b}\,\mathfrak{a}] = -\mathfrak{a}\,[\mathfrak{c}\,\mathfrak{b}] = -\mathfrak{b}\,[\mathfrak{a}\,\mathfrak{c}]. \end{cases}$$

Ohne Mißverständnisse befürchten zu müssen, können wir in diesen Ausdrücken die Klammern ganz fortlassen und wie es häufig geschieht, schreiben:

$$\mathfrak{c}\,[\mathfrak{a}\,\mathfrak{b}] = \mathfrak{c}\,\mathfrak{a}\,\mathfrak{b} = -\mathfrak{a}\,\mathfrak{c}\,\mathfrak{b}, \text{ oder auch } [\mathfrak{c}\,\mathfrak{a}\,\mathfrak{b}].$$

Sind die drei Vektoren durch die Komponenten nach den Einheitsvektoren $\mathfrak{i}$, $\mathfrak{j}$, $\mathfrak{k}$ gegeben, so kann das skalare Tripelprodukt in der Determinantenform geschrieben werden:

$$\mathfrak{a}\,\mathfrak{b}\,\mathfrak{c} = \begin{vmatrix} a_1 & a_2 & a_3 \\ b_1 & b_2 & b_3 \\ c_1 & c_2 & c_3 \end{vmatrix}.$$

Denn die Komponenten des axialen Vektors $[\mathfrak{a}\,\mathfrak{b}]$ sind die Unterdeterminanten dieser Determinante, und das skalare Produkt zweier Vektoren ist gleich der Summe der Produkte der Komponenten.

Liegt $\mathfrak{c}$ in der Ebene von $\mathfrak{a}$ und $\mathfrak{b}$, so ist der Inhalt des aus den drei Vektoren gebildeten Parallelepipeds Null, also $\mathfrak{c}\,[\mathfrak{a}\,\mathfrak{b}] = 0$. Dies geht auch unmittelbar aus der Rechnung hervor, wenn wir $\mathfrak{c}$ durch die Vektoren $\mathfrak{a}$ und $\mathfrak{b}$ ausdrücken, welches in dem Fall der Komplanarität möglich ist. Es sei

$$\mathfrak{c} = x\mathfrak{a} + y\mathfrak{b},$$

dann lautet das Produkt:

$$x\mathfrak{a}\,[\mathfrak{a}\,\mathfrak{b}] + y\mathfrak{b}\,[\mathfrak{a}\,\mathfrak{b}] = x\mathfrak{b}\,[\mathfrak{a}\,\mathfrak{a}] + y\mathfrak{a}\,[\mathfrak{b}\,\mathfrak{b}] = 0.$$

Ein wichtiges Beispiel eines solchen skalaren Produktes dreier Vektoren liefert der sogenannte **Vektorfluß** durch

[1]) Klein und Timerding unterscheiden die beiden Arten durch die Bezeichnung: Skalar erster und zweiter Art.

eine Fläche. Die Wassermenge in einem Strom, die in der Zeiteinheit durch eine Fläche von beliebiger, vorgegebener Lage und Größe innerhalb des von der Wassermasse durchströmten Raumes hindurchtritt, ist gleich der Menge, die in den Zylinder hineingeht, dessen Basis die vorgegebene Fläche ist und dessen Leitlinie der Größe und Richtung nach gleich der Geschwindigkeit des Wassers an dieser Stelle ist. Ist die Basis das Parallelogramm $[\mathfrak{a}\,\mathfrak{b}]$, so ist die pro Zeiteinheit hindurchtretende Wassermenge, wenn dieselbe sich mit der Geschwindigkeit $\mathfrak{c}$ bewegt, gegeben durch das skalare Produkt:

$$\mathfrak{c}[\mathfrak{a}\,\mathfrak{b}].$$

Man nennt dasselbe den Fluß, Durchfluß des Vektors $\mathfrak{c}$, den Geschwindigkeitsfluß durch die Fläche. Ist $\mathfrak{c}$ ein Kraftvektor, so spricht man von Kraftfluß; stehen z. B. zwei entgegengesetzt elektrisch geladene, unendlich große, leitende Platten einander parallel gegenüber, einen freien Raum einschließend, so daß zwischen ihnen ein homogenes elektrisches Feld besteht, welches die Feldstärke $\mathfrak{c}$ besitzt – d. h. auf den positiv geladenen elektrischen Einheitspol die Kraft $\mathfrak{c}$ an jeder Stelle des Feldes ausübt –, so ist der Kraftfluß durch eine irgendwie gelegene Fläche $[\mathfrak{a}\,\mathfrak{b}]$ durch das skalare Produkt $\mathfrak{c}\,[\mathfrak{a}\,\mathfrak{b}]$ gegeben. Man nennt den numerischen Wert dieses Produktes die Zahl der Strömungs- oder Kraftlinien durch die Fläche von der vorgegebenen Richtung.

## § 13. Vektorprodukt eines polaren und eines axialen Vektors oder $[\mathfrak{a}[\mathfrak{b}\mathfrak{c}]]$.

Nach der Definition des Vektorproduktes steht der dadurch bestimmte Vektor senkrecht auf der Ebene, die durch die vektorischen Faktoren geht, also im Fall des Produktes $[\mathfrak{a}\,[\mathfrak{b}\,\mathfrak{c}]]$ durch die Normale des aus $\mathfrak{b}$ und $\mathfrak{c}$ gebildeten Parallelogramms und den polaren Vektor $\mathfrak{a}$. Er liegt also jedenfalls in der Ebene des Parallelogramms $(\mathfrak{b}, \mathfrak{c})$ und muß sich schreiben lassen:

(1) $$[\mathfrak{a}\,[\mathfrak{b}\,\mathfrak{c}]] = x\mathfrak{b} + y\mathfrak{c}.$$

Um $x$ und $y$ zu finden, rechnen wir die linke Seite mit Benutzung der Komponentendarstellung der Vektoren aus. Wir legen der bequemeren Rechnung wegen den Einheitsvektor $\mathfrak{i}$ in die Richtung des Vektors $\mathfrak{c}$, den Vektor $\mathfrak{j}$ in die Ebene von $\mathfrak{b}$ und $\mathfrak{c}$; dann ist

$$\mathfrak{c} = c_1 \mathfrak{i},$$
$$\mathfrak{b} = b_1 \mathfrak{i} + b_2 \mathfrak{j},$$
$$\mathfrak{a} = a_1 \mathfrak{i} + a_2 \mathfrak{j} + a_3 \mathfrak{k},$$

also: $$[\mathfrak{a}\,[\mathfrak{b}\,\mathfrak{c}]] = -c_1 b_2\,[\mathfrak{a}\,\mathfrak{k}] = -c_1 b_2\,(a_2 \mathfrak{i} - a_1 \mathfrak{j}).$$

Die rechte Seite der letzten Gleichung muß sich in der Form $x\mathfrak{b} + y\mathfrak{c}$ schreiben lassen, d. h. es muß sein

$$x b_1 \mathfrak{i} + x b_2 \mathfrak{j} + y c_1 \mathfrak{i} = -c_1 b_2 a_2 \mathfrak{i} + c_1 b_2 a_1 \mathfrak{j},$$

daher: $$x = c_1 a_1 = (\mathfrak{c}\,\mathfrak{a}),$$
$$y = -a_2 b_2 - b_1 a_1 = -(\mathfrak{b}\,\mathfrak{a}).$$

Das Vektorprodukt aus den drei Vektoren $\mathfrak{a}$, $\mathfrak{b}$, $\mathfrak{c}$ nimmt also die Form an:

$$(2)\qquad \boldsymbol{[\mathfrak{a}\,[\mathfrak{b}\,\mathfrak{c}]] = (\mathfrak{c}\,\mathfrak{a})\,\mathfrak{b} - (\mathfrak{b}\,\mathfrak{a})\,\mathfrak{c}}.$$

Es folgt hieraus die Beziehung:

$$(3)\qquad [\mathfrak{a}\,[\mathfrak{b}\,\mathfrak{c}]] + [\mathfrak{b}\,[\mathfrak{c}\,\mathfrak{a}]] + [\mathfrak{c}\,[\mathfrak{a}\,\mathfrak{b}]] = 0.$$

Man bezeichnet die durch (2) angegebene Entwicklung als den Entwicklungssatz des „vektorischen Tripelproduk-dukts“, der ebenso wie die Beziehung (3) häufig Anwendung findet.

In Gleichung (2) steht rechts die Differenz zweier polarer Vektoren, die mit wirklichen Skalaren multipliziert sind. Es muß daher auch das Vektorprodukt aus drei polaren Vektoren oder aus einem polaren und einem axialen Vektor ein polarer Vektor sein.

## § 14. Produkte zweier axialer Vektoren

1. Skalares Produkt aus zwei axialen Vektoren oder $[\mathfrak{a}\,\mathfrak{b}]\,[\mathfrak{c}\,\mathfrak{d}]$.

Um diesen Ausdruck auf Produkte aus polaren Vektoren zurückzuführen, setzen wir $[\mathfrak{a}\mathfrak{b}] = \mathfrak{e}$, dann folgt aus den beiden letzten Paragraphen, daß

$$(1)\qquad \begin{aligned} [\mathfrak{a}\mathfrak{b}][\mathfrak{c}\mathfrak{d}] &= \mathfrak{e}[\mathfrak{c}\mathfrak{d}] = \mathfrak{d}[\mathfrak{e}\mathfrak{c}] \\ &= \mathfrak{d}[[\mathfrak{a}\mathfrak{b}]\mathfrak{c}] \\ &= \mathfrak{d}\{(\mathfrak{a}\mathfrak{c})\mathfrak{b} - (\mathfrak{b}\mathfrak{c})\mathfrak{a}\} \\ &= (\mathfrak{a}\mathfrak{c})(\mathfrak{b}\mathfrak{d}) - (\mathfrak{b}\mathfrak{c})(\mathfrak{a}\mathfrak{d}). \end{aligned}$$

Rechts steht zuletzt die Differenz zweier Produkte aus reinen skalaren Größen; das skalare Produkt zweier axialer Vektoren ist also kein Pseudoskalar.

2. Vektorprodukt aus zwei axialen Vektoren oder $[[\mathfrak{a}\mathfrak{b}][\mathfrak{c}\mathfrak{d}]]$.

Setzen wir wieder $[\mathfrak{a}\mathfrak{b}] = \mathfrak{e}$, so wird

$$(2)\qquad \begin{aligned} [[\mathfrak{a}\mathfrak{b}][\mathfrak{c}\mathfrak{d}]] &= [\mathfrak{e}[\mathfrak{c}\mathfrak{d}]] \\ &= \mathfrak{c}(\mathfrak{e}\mathfrak{d}) - \mathfrak{d}(\mathfrak{e}\mathfrak{c}) \\ &= \mathfrak{c}([\mathfrak{a}\mathfrak{b}]\mathfrak{d}) - \mathfrak{d}([\mathfrak{a}\mathfrak{b}]\mathfrak{c}) \\ &= \mathfrak{c}(\mathfrak{a}\mathfrak{b}\mathfrak{d}) - \mathfrak{d}(\mathfrak{a}\mathfrak{b}\mathfrak{c}). \end{aligned}$$

Hier sind die polaren Vektoren $\mathfrak{c}$ und $\mathfrak{d}$ mit Pseudoskalaren multipliziert, es muß daher die Differenz ein axialer Vektor sein. Zusammenfassend können wir sagen:

D a s V e k t o r p r o d u k t a u s z w e i p o l a r e n o d e r a u s z w e i a x i a l e n V e k t o r e n s t e l l t e i n e n a x i a l e n V e k t o r d a r, d a s V e k t o r p r o d u k t a u s e i n e m p o l a r e n u n d e i n e m a x i a l e n V e k t o r e i n e n p o l a r e n.

Da übrigens

$$[[\mathfrak{a}\mathfrak{b}][\mathfrak{c}\mathfrak{d}]] = -[[\mathfrak{c}\mathfrak{d}][\mathfrak{a}\mathfrak{b}]],$$

so ist auch

$$(3)\qquad [[\mathfrak{a}\mathfrak{b}][\mathfrak{c}\mathfrak{d}]] = -\mathfrak{a}(\mathfrak{b}\mathfrak{c}\mathfrak{d}) + \mathfrak{b}(\mathfrak{a}\mathfrak{c}\mathfrak{d}).$$

Für $\mathfrak{b} = \mathfrak{c}$ geht diese Gleichung über in

$$[[\mathfrak{a}\mathfrak{b}][\mathfrak{b}\mathfrak{d}]] = \mathfrak{b}(\mathfrak{a}\mathfrak{b}\mathfrak{d}).$$

Wir erhalten hieraus die wichtige Beziehung zwischen 4 Vektoren, von denen nicht drei in einer Ebene liegen:

$$\mathfrak{d}([\mathfrak{a}\mathfrak{b}]\mathfrak{c}) = \mathfrak{a}(\mathfrak{b}\mathfrak{c}\mathfrak{d}) - \mathfrak{b}(\mathfrak{a}\mathfrak{c}\mathfrak{d}) + \mathfrak{c}(\mathfrak{a}\mathfrak{b}\mathfrak{d})$$

oder, da $([\mathfrak{a}\mathfrak{b}]\mathfrak{c})$ eine skalare Größe ist und Vektoren durch skalare Größen dividiert werden, indem man den absoluten Betrag durch die skalare Größe dividiert, nach Division:

$$\mathfrak{d} = \mathfrak{a}\,\frac{\mathfrak{b}\,\mathfrak{c}\,\mathfrak{d}}{\mathfrak{c}\,\mathfrak{a}\,\mathfrak{b}} + \mathfrak{b}\,\frac{\mathfrak{c}\,\mathfrak{a}\,\mathfrak{d}}{\mathfrak{c}\,\mathfrak{a}\,\mathfrak{b}} + \mathfrak{c}\,\frac{\mathfrak{a}\,\mathfrak{b}\,\mathfrak{d}}{\mathfrak{c}\,\mathfrak{a}\,\mathfrak{b}}\,. \tag{4}$$

3. Endlich sei noch besonders darauf hingewiesen, daß bei der Kombination $\mathfrak{a}\,(\mathfrak{b}\,\mathfrak{c})$, die in § 13 schon benutzt worden ist, auf die Klammern geachtet werden muß, indem $\mathfrak{a}(\mathfrak{b}\,\mathfrak{c})$ einen Vektor darstellt von der Größe

$$abc\cos(\mathfrak{b}\,\mathfrak{c})$$

und der Richtung des Vektors $\mathfrak{a}$, da $(\mathfrak{b}\,\mathfrak{c})$ nichts anderes als eine skalare Größe ist. Es sind die Vektoren

$$\mathfrak{a}\,(\mathfrak{b}\,\mathfrak{c}) \qquad \text{und} \qquad (\mathfrak{a}\,\mathfrak{b})\,\mathfrak{c}$$

völlig verschiedene Größen.

4. Es liegt auf der Hand, zu fragen, ob auch eine Division einer skalaren Größe oder eines Vektors durch einen Vektor als eine Operation definiert werden kann, die auf ein eindeutiges Ergebnis führt. Die algebraische Definition einer Division auf die Vektorrechnung übertragen würde lauten:

Eine Größe $A$ (Skalar oder Vektor) durch einen Vektor $\mathfrak{B}$ dividieren, heißt die Größe $\Gamma$ (Skalar oder Vektor) aufsuchen, die mit dem Divisor (dem Vektor $\mathfrak{B}$) nach den Regeln der Vektorrechnung multipliziert den Dividend $A$ ergibt.

Eine leichte Rechnung zeigt, daß, wenn $A$ eine skalare Größe ist, $\Gamma$ ein Vektor sein muß, der aber nur bis auf eine unbestimmte additive Komponente senkrecht zur Richtung von $\mathfrak{B}$ angegeben werden kann, und daß, wenn $A$ ein Vektor ist, $\Gamma$ nur dann eine eindeutig bestimmte Größe, und zwar ein Skalar sein kann, wenn $A$ und $\mathfrak{B}$ in einer Richtung liegen.

Weiter kommt man, wenn man fordert, der reziproke Wert des Vektors $\mathfrak{B}$ sei ein Vektor von gleicher Richtung wie $\mathfrak{B}$ und dem reziproken Betrag, und dann definiert:

Eine Größe $A$ (Skalar oder Vektor) durch einen Vektor $\mathfrak{B}$ dividieren, heißt die Größe $A$ mit dem reziproken Vektor $\mathfrak{B}'$ $= 1/\mathfrak{B} = \overline{\mathfrak{B}}/B$ multiplizieren.

Dann ist die Division durch einen Vektor eine eindeutige Operation.

## § 15. Reziproke Vektortripel

Die Gleichung (4) des § 14 ist auch deshalb von besonderer Bedeutung, weil sie die Regel angibt, nach der wir einen Vektor $\mathfrak{d}$ durch drei willkürlich gewählte, nicht in eine Ebene fallende Vektoren $\mathfrak{a}$, $\mathfrak{b}$, $\mathfrak{c}$ ausdrücken, also die Größen $A$, $B$, $C$ in dem Ausdruck:

(1) $$\mathfrak{d} = A\mathfrak{a} + B\mathfrak{b} + C\mathfrak{c}$$

bestimmen können. Wir müssen, um diese Komponenten zu erhalten, bilden:

(2) $$\frac{[\mathfrak{b}\,\mathfrak{c}]}{\mathfrak{a}\mathfrak{b}\mathfrak{c}} = \mathfrak{a}', \quad \frac{[\mathfrak{c}\,\mathfrak{a}]}{\mathfrak{a}\mathfrak{b}\mathfrak{c}} = \mathfrak{b}', \quad \frac{[\mathfrak{a}\,\mathfrak{b}]}{\mathfrak{a}\mathfrak{b}\mathfrak{c}} = \mathfrak{c}'$$

und skalar mit $\mathfrak{d}$ multiplizieren. Es ist eben, wie der Vergleich zeigt:

$$A = \frac{\mathfrak{d}[\mathfrak{b}\mathfrak{c}]}{\mathfrak{a}\mathfrak{b}\mathfrak{c}} = \mathfrak{d}\mathfrak{a}' \text{ usw.}$$

Gleichung (4) des § 14 oder mit den Abkürzungen (2):

(3) $$\mathfrak{d} = (\mathfrak{d}\mathfrak{a}')\,\mathfrak{a} + (\mathfrak{d}\mathfrak{b}')\,\mathfrak{b} + (\mathfrak{d}\mathfrak{c}')\,\mathfrak{c}$$

schreibt man auch in der Form:

(4) $$\mathfrak{d} = \mathfrak{d}\,(\mathfrak{a}';\,\mathfrak{a} + \mathfrak{b}';\,\mathfrak{b} + \mathfrak{c}';\,\mathfrak{c})$$

und nennt den symbolischen Klammerausdruck einen **Tensor** oder eine komplette **Dyade,** und zwar, weil er mit dem Vektor $\mathfrak{d}$ multipliziert den Vektor $\mathfrak{d}$ selbst ergibt, einen Einheitstensor oder eine Identitätsdyade (vgl. § 47 und 51).

Es ist leicht zu sehen, daß die Vektoren $\mathfrak{a}'$, $\mathfrak{b}'$, $\mathfrak{c}'$ senkrecht stehen auf den Flächen $\mathfrak{b}\mathfrak{c}$, $\mathfrak{c}\mathfrak{a}$, $\mathfrak{a}\mathfrak{b}$; man nennt $\mathfrak{a}'$, $\mathfrak{b}'$, $\mathfrak{c}'$ das zu $\mathfrak{a}$, $\mathfrak{b}$, $\mathfrak{c}$ **„reziproke Vektortripel"** mit den Beziehungen[1]):

(5) $$\begin{cases} \mathfrak{a}\mathfrak{b}' = \mathfrak{a}\mathfrak{c}' = 0, \text{ usw.} \\ \mathfrak{a}\mathfrak{a}' = \mathfrak{b}\mathfrak{b}' = \mathfrak{c}\mathfrak{c}' = 1. \end{cases}$$

---

[1]) Diese Bezeichnung entspricht der Forderung in § 14, 4, wenn die Vektoren $\mathfrak{a}$, $\mathfrak{b}$, $\mathfrak{c}$ aufeinander senkrecht stehen.

Da in (5) die gestrichelten und die ungestrichelten Buchstaben gleichwertig sind, müssen auch die $\mathfrak{a}$, $\mathfrak{b}$, $\mathfrak{c}$ das „reziproke Vektortripel" zu $\mathfrak{a}'$, $\mathfrak{b}'$, $\mathfrak{c}'$ sein, demnach auf den Flächen $\mathfrak{b}'\mathfrak{c}'$, $\mathfrak{c}'\mathfrak{a}'$, $\mathfrak{a}'\mathfrak{b}'$ senkrecht stehen.

Aus Gleichung (2) folgt

$$\mathfrak{a}'\mathfrak{b}'\mathfrak{c}' = \frac{1}{\mathfrak{a}\mathfrak{b}\mathfrak{c}}$$

und im besonderen $(\mathfrak{i}\mathfrak{j}\mathfrak{k}) = 1$.

Durch Benutzung der reziproken Vektortripel kann man sich den Übergang von einem Bezugssystem in ein anderes sehr erleichtern. Es sei ein und derselbe Vektor $\mathfrak{A}$ in den beiden Bezugssystemen $\mathfrak{a}_1$, $\mathfrak{a}_2$, $\mathfrak{a}_3$ und $\mathfrak{b}_1$, $\mathfrak{b}_2$, $\mathfrak{b}_3$ gegeben durch:

$$(6) \quad \mathfrak{A} = A_1\mathfrak{a}_1 + A_2\mathfrak{a}_2 + A_3\mathfrak{a}_3 = B_1\mathfrak{b}_1 + B_2\mathfrak{b}_2 + B_3\mathfrak{b}_3 .$$

Zwischen den Vektoren der Bezugssysteme mögen die Transformationsgleichungen bestehen:

$$(7) \quad \begin{cases} \mathfrak{b}_1 = A_1' \ \mathfrak{a}_1 + A_2' \ \mathfrak{a}_2 + A_3' \ \mathfrak{a}_3 , \\ \mathfrak{b}_2 = A_1'' \ \mathfrak{a}_1 + A_2'' \ \mathfrak{a}_2 + A_3'' \ \mathfrak{a}_3 , \\ \mathfrak{b}_3 = A_1''' \mathfrak{a}_1 + A_2''' \mathfrak{a}_2 + A_3''' \mathfrak{a}_3 . \end{cases}$$

Durch Multiplikation mit $\mathfrak{a}_1$ bzw. mit $\mathfrak{a}_2$ und mit $\mathfrak{a}_3$ ergibt sich:

$$\mathfrak{a}_i\mathfrak{b}_k = A_i^k \quad \text{mit } i \text{ und } k = 1, 2, 3, \text{ bzw. } ', '', '''.$$

Diese $A_i^k$ sind nun zugleich die Koeffizienten in den Gleichungen, die zur Umrechnung der Größen $B$ in die Größen $A$ von (6) dienen. Denn die Multiplikation von (6) mit $\mathfrak{a}_1$, $\mathfrak{a}_2$, $\mathfrak{a}_3$ liefert:

$$(8) \quad \begin{cases} A_1 = A_1' B_1 + A_1'' B_2 + A_1''' B_3 \\ A_2 = A_2' B_1 + A_2'' B_2 + A_2''' B_3 \\ A_3 = A_3' B_1 + A_3'' B_2 + A_3''' B_3 . \end{cases}$$

## § 16. Produkte im schiefwinkligen Bezugssystem

Sind die Vektoren $\mathfrak{A}$ und $\mathfrak{B}$ auf die nicht komplanaren, aber unter irgendeinem Winkel zueinander stehenden Vektoren $\mathfrak{a}$, $\mathfrak{b}$, $\mathfrak{c}$ bezogen, also

$$\mathfrak{A} = a_1 \mathfrak{a} + b_1 \mathfrak{b} + c_1 \mathfrak{c}$$
$$\mathfrak{B} = a_2 \mathfrak{a} + b_2 \mathfrak{b} + c_2 \mathfrak{c},$$

so ist

$$[\mathfrak{A}\mathfrak{B}] = [\mathfrak{a}\mathfrak{b}](a_1 b_2 - a_2 b_1) + [\mathfrak{b}\mathfrak{c}](b_1 c_2 - b_2 c_1) + [\mathfrak{c}\mathfrak{a}](c_1 a_2 - c_2 a_1)$$

und mit Einführung des reziproken Vektortripels

$$[\mathfrak{A}\mathfrak{B}] = (\mathfrak{c}'(a_1 b_2 - a_2 b_1) + \mathfrak{a}'(b_1 c_2 - b_2 c_1) + \mathfrak{b}'(c_1 a_2 - c_2 a_1)) \cdot (\mathfrak{a}\mathfrak{b}\mathfrak{c})$$
$$= (\mathfrak{a}\mathfrak{b}\mathfrak{c}) \begin{vmatrix} \mathfrak{a}' & \mathfrak{b}' & \mathfrak{c}' \\ a_1 & b_1 & c_1 \\ a_2 & b_2 & c_2 \end{vmatrix}.$$

Das Tripelprodukt $\mathfrak{A}\mathfrak{B}\mathfrak{C}$ mit dem Vektor $\mathfrak{C} = a_3 \mathfrak{a} + b_3 \mathfrak{b} + c_3 \mathfrak{c}$ läßt sich schreiben:

$$\mathfrak{A}\mathfrak{B}\mathfrak{C} = (\mathfrak{a}\mathfrak{b}\mathfrak{c}) \begin{vmatrix} a_1 & b_1 & c_1 \\ a_2 & b_2 & c_2 \\ a_3 & b_3 & c_3 \end{vmatrix}.$$

## § 17. Über die Erweiterung des Vektorbegriffes auf den mehrdimensionalen Raum

Die bisher benutzten Vektoren beziehen sich auf den dreidimensionalen Raum, entsprechend der unmittelbaren Anschaulichkeit. Die Regeln können mit gewissen Änderungen auch auf Gebilde übertragen werden, die in einem mehrdimensionalen Raum vorstellbar sind. Mit Größen dieser Art zu rechnen, fordert u. a. die Relativitätstheorie, deren Beziehungen durch Benutzung eines Systems mit 4 statt mit 3 Koordinaten an Übersichtlichkeit gewinnen. Zu den 3 Ortskoordinaten tritt in dem Fall als gleichberechtigte Koordinate die Zeit. Die Größe, die dem polaren Vektor des dreidimensionalen Raumes entspricht, der „Vierervektor“, ist der Inbegriff von 4 Komponenten $P_x$, $P_y$, $P_z$, $P_l$[1]) nach den Richtungen der Achsen des vierdimensionalen Systems. Dem axialen Vektor, der im dreidimensionalen Raum durch drei auf je zwei Koordinatenachsen bezogenen Komponenten bestimmt wird, entspricht der Sechservektor, der aus den 6 Komponenten gebildet wird, die sich auf die 6 Kombinationen je zweier Achsen beziehen.

Die Rechnung mit Vierer- und Sechservektoren („Weltvektoren“) und ihren linearen Vektorfunktionen („Welttensoren“) ist von Sommerfeld entwickelt worden. Ihre Behandlung würde hier zu weit führen.

Von Vektorgebilden im $n$-dimensionalen Raum macht die moderne Quantenmechanik Gebrauch.

## § 18. Differentiation eines Vektors nach einer skalaren Größe

1. Der Vektor $\mathfrak{a}$ mag sich in der Folge auf ein Vektorfeld mit den Koordinaten $x$, $y$, $z$ beziehen, also etwa der Ausdruck der Eigenschaft eines materiellen Trägers an der Stelle $x$, $y$, $z$ des Raumes sein. $\mathfrak{a}$ sei also eine Funktion von $x$, $y$, $z$. Außerdem sei $\mathfrak{a}$ eine Funktion der Zeit $t$. Er sei, im Bildraum mit den Achsen $\mathfrak{i}$, $\mathfrak{j}$, $\mathfrak{k}$ dargestellt, zur Zeit $t = t_0$ gegeben durch

$$\mathfrak{a} = a_x \mathfrak{i} + a_y \mathfrak{j} + a_z \mathfrak{k}.$$

Die Änderung des Vektors während des Zeitelementes $dt$ an derselben Stelle $x$, $y$, $z$ ist dann durch

$$\frac{\partial \mathfrak{a}}{\partial t} = \frac{\partial a_x}{\partial t} \mathfrak{i} + \frac{\partial a_y}{\partial t} \mathfrak{j} + \frac{\partial a_z}{\partial t} \mathfrak{k}$$

gegeben, da die Abbildung in demselben Abbildungsraum geschieht, d. h. die Achsen $\mathfrak{i}$, $\mathfrak{j}$, $\mathfrak{k}$ unabhängig von der Zeit sind. Diese Änderung kann man als lokale Änderung mit der Zeit bezeichnen, indem hier zunächst von einer gleichzeitigen Änderung des Ortes $x$, $y$, $z$ abgesehen ist.

[1]) Für die vierte Koordinate wurde infolge ihrer speziellen Bedeutung von Sommerfeld die Bezeichnung „l“ gewählt; sie soll an „Lichtweg“ $= c \cdot t$ erinnern, worin $c$ die Lichtgeschwindigkeit ist.

Bei mehrfacher Differentiation gilt entsprechend:

$$\frac{\partial^n \mathfrak{a}}{\partial t^n} = \frac{\partial^n a_x}{\partial t^n}\,\mathfrak{i} + \frac{\partial^n a_y}{\partial t^n}\,\mathfrak{j} + \frac{\partial^n a_z}{\partial t^n}\,\mathfrak{k}.$$

Die Differentiation von Produkten folgt den bekannten Regeln der Analysis. Es ist

$$\frac{d(\mathfrak{a}\mathfrak{b})}{dt} = \frac{1}{dt}\{(\mathfrak{a} + d\,\mathfrak{a})(\mathfrak{b} + d\,\mathfrak{b}) - \mathfrak{a}\mathfrak{b}\} = \frac{d\,\mathfrak{a}}{dt}\,\mathfrak{b} + \frac{d\,\mathfrak{b}}{dt}\,\mathfrak{a}$$

und

$$\frac{d\,[\mathfrak{a}\mathfrak{b}]}{dt} = \frac{1}{dt}\{[(\mathfrak{a} + d\,\mathfrak{a})(\mathfrak{b} + d\,\mathfrak{b})] - [\mathfrak{a}\mathfrak{b}]\}$$

$$= \left[\frac{d\,\mathfrak{a}}{dt}\,\mathfrak{b}\right] + \left[\mathfrak{a}\,\frac{d\,\mathfrak{b}}{dt}\right];$$

im letzteren Falle muß, den Regeln der Vektormultiplikation entsprechend, auf die Reihenfolge der Faktoren geachtet werden.

In gleicher Weise läßt sich die Änderung des Vektors $\mathfrak{a}$ bei Änderung irgendeines skalaren Argumentes von $\mathfrak{a}$, aus der Änderung der Komponenten berechnen, so z. B.:

$$\frac{\partial \mathfrak{a}}{\partial x} = \frac{\partial a_x}{\partial x}\,\mathfrak{i} + \frac{\partial a_y}{\partial x}\,\mathfrak{j} + \frac{\partial a_z}{\partial x}\,\mathfrak{k}.$$

2. Der Differentialquotient eines Einheitsvektors $\bar{\mathfrak{a}}\,(t)$ nach seinem skalaren Argument ist ein Vektor, der auf dem Einheitsvektor senkrecht steht.

Denn die Differentiation der Bedingung, daß $\bar{\mathfrak{a}}$ ein Einheitsvektor ist, nämlich der Gleichung:

$$\bar{\mathfrak{a}}^2 = 1$$

nach seinem skalaren Argument, ergibt:

$$2\,\bar{\mathfrak{a}}\,\frac{d\,\bar{\mathfrak{a}}}{dt} = 0,$$

d. h. $\bar{\mathfrak{a}}$ und $d\,\bar{\mathfrak{a}}$ sind zwei aufeinander senkrechte Vektoren. (Das gilt natürlich nur so lange, als die Größe des Einheitsvektors die Einheit bleiben soll.) Es ist im Gegensatz hierzu die Formel anzumerken:

$$\frac{d}{dt}(\mathfrak{a}) \equiv \frac{d}{dt}(a\bar{\mathfrak{a}}) = \bar{\mathfrak{a}}\frac{da}{dt} + a\frac{d\bar{\mathfrak{a}}}{dt},$$

worin wieder $\bar{\mathfrak{a}}$ und $d\bar{\mathfrak{a}}$ aufeinander senkrecht stehen.

Also auch das Differential eines Vektors von unveränderlicher Länge nach seinem Argument steht auf dem Vektor senkrecht.

3. Ist $\mathfrak{a}$ der Größe und Richtung nach der Radiusvektor einer durch die Polarkoordinaten $r$ und $\varphi$ dargestellten ebenen Kurve mit den Elementen $ds$, so daß

$$\mathfrak{a} = \mathfrak{a}_0 + \Sigma d\mathfrak{a},$$

so ist

$$d\mathfrak{a} = \bar{\mathfrak{a}}da + ad\bar{\mathfrak{a}}$$

und durch skalare Multiplikation:

$$(d\mathfrak{a})^2 = (da)^2 + a^2(d\bar{\mathfrak{a}})^2.$$

Die analoge analytische Formel lautet:

$$(ds)^2 = (dr)^2 + r^2(d\varphi)^2.$$

Es folgt hieraus die Bedeutung von $d\bar{\mathfrak{a}}$, es ist

$$|d\bar{\mathfrak{a}}| = d\varphi$$

der Betrag der Winkeländerung des Vektors $\mathfrak{a}$ gegen eine gegebene Richtung.

4. Ist der Vektor $\mathfrak{a}$ der Ortsvektor eines Massenpunktes an der Stelle $x$, $y$, $z$ selbst, also

$$\mathfrak{a} = x\mathfrak{i} + y\mathfrak{j} + z\mathfrak{k},$$

so ist

$$\frac{\partial\mathfrak{a}}{\partial x} = \mathfrak{i}, \quad \frac{\partial\mathfrak{a}}{\partial y} = \mathfrak{j}, \quad \frac{\partial\mathfrak{a}}{dz} = \mathfrak{k};$$

das sind die Änderungen des Vektors, wenn wir von Punkt $x$, $y$, $z$ übergehen zu dem Punkt $x + dx$, $y$, $z$ resp. $x$, $y + dy$, $z$, oder $x$, $y$, $z + dz$, dividiert durch die jedesmalige Entfernung des neuen Punktes vom alten. Sie sind gleich den Einheitsvektoren der Richtungen, auf die die Änderung von $\mathfrak{a}$ sich bezieht. Allgemein gilt: Die Änderung des Ortsvektors $\mathfrak{a}$ in einer bestimmt vorgegebenen Richtung pro Längeneinheit ist gleich dem Einheitsvektor, der in diese Richtung fällt.

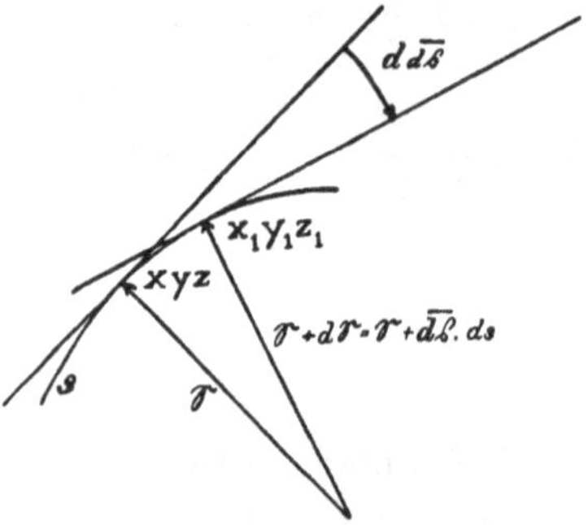


Fig. 10

Bewegt sich der Massenpunkt von $x$, $y$, $z$ auf einer Kurve $C = \Sigma\, d\mathfrak{s}$ und ist der Ort des Punktes auf der Kurve gegeben durch die auf derselben gemessene Entfernung $s$ von einem beliebig gewählten Kurvenpunkt, so ist der absolute Betrag der Geschwindigkeit des Punktes in der Kurve: $v = \frac{ds}{dt}$; die Richtung der Geschwindigkeit fällt in jedem Augenblick mit der Richtung des Kurvenelementes $d\mathfrak{s}$ zusammen. Also ist die Geschwindigkeit, d. h. die zeitliche Änderung des Vektors $\mathfrak{a}$ der Richtung und Größe nach pro Zeiteinheit gegeben durch:

$$\frac{d\mathfrak{a}}{dt} = \frac{d\mathfrak{s}}{ds}\frac{ds}{dt} = \overline{d\mathfrak{s}}\, v = \mathfrak{v}.$$

Der Vektor der Beschleunigung ist dargestellt durch:

$$\mathfrak{b} = \frac{d\mathfrak{v}}{dt} = \frac{d\,\overline{d\mathfrak{s}}}{ds}\, v^2 + \overline{d\mathfrak{s}}\,\frac{dv}{dt}.$$

$\frac{d\overline{d\mathfrak{s}}}{ds}$, ein nach seinem Argument differenzierter Einheitsvektor, muß senkrecht stehen zu dem Einheitsvektor $\overline{d\mathfrak{s}}$; $d\,\overline{d\mathfrak{s}}$ gibt die Richtungsänderung der Tangente, wenn wir auf der Kurve von $x$, $y$, $z$ zu $x_1$, $y_1$, $z_1$ weitergehen (vgl. Fig. 10). Die Normalen in der Ebene des Krümmungskreises zu den Tangenten in diesen beiden Punkten schneiden sich im Krümmungsmittelpunkt. Die vektorielle Änderung des Krümmungsradius vom Punkt $x$, $y$, $z$ zu $x_1$, $y_1$, $z_1$ ist

$$d\mathfrak{S} = d\mathfrak{s} = \overline{d\mathfrak{s}}\,ds \tag{1}$$

und steht senkrecht auf dem Krümmungsradius $\mathfrak{S}$ im Punkt $x$, $y$, $z$; also ist $d\,\overline{d\mathfrak{s}}$ parallel zu $\mathfrak{S}$, aber entgegengesetzt gerichtet. Aus der Ähnlichkeit der Vektorendreiecke und (1) folgt ferner:

$$\frac{|d\,\overline{d\mathfrak{s}}|}{1} = \frac{d\mathfrak{s}}{|\mathfrak{S}|} \quad \text{und} \quad \frac{d^2\mathfrak{S}}{ds^2} = \frac{d\,\overline{d\mathfrak{s}}}{ds} = -\frac{\overline{\mathfrak{S}}}{S}$$

somit:

$$\mathfrak{b} = -\overline{\mathfrak{S}}\frac{v^2}{S} + \overline{d\mathfrak{s}}\,\frac{dv}{dt}.$$

Diese Form enthält die bekannte Zerlegung der Beschleunigung in einen tangentialen Teil $\frac{dv}{dt}$ und einen zur Bahn senkrechten Teil $-\frac{v^2}{S}$. Man nennt

$$\frac{1}{S} = \sigma = \sqrt{\left(-\frac{\overline{\mathfrak{S}}}{S}\right)^2} = \sqrt{\left(\frac{d^2\mathfrak{S}}{ds^2}\right)^2}$$

$$= \sqrt{\left(\frac{d^2x}{ds^2}\right)^2 + \left(\frac{d^2y}{ds^2}\right)^2 + \left(\frac{d^2z}{ds^2}\right)^2}$$

das Maß der Krümmung oder die **Krümmung der Kurve** im Punkt $x$, $y$, $z$.

## § 19. Satz vom kleinsten statischen Moment

In den Anwendungen auf die Statik, § 10, wurde gezeigt, daß die Größe und Richtung des statischen Momentes durch Änderung des Bezugspunktes, d. h. des Angriffspunktes der resultierenden Einzelkraft, geändert wird. Es soll nun die Bedingung dafür aufgesucht werden, daß das resultierende statische Moment den kleinsten möglichen Wert annimmt. Es wird also der Vektor $\mathfrak{a}$ gesucht, für welchen der absolute Betrag von

(1) $$\mathfrak{M}' = \Sigma [\mathfrak{r}_i \mathfrak{P}_i] - \Sigma [\mathfrak{a} \mathfrak{P}_i]$$

ein Minimum wird. Durch skalare Multiplikation mit $\mathfrak{M}'$ folgt;

(2) $$\mathfrak{M}'^2 = \Sigma [\mathfrak{r}_i \mathfrak{P}_i] \cdot \mathfrak{M}' + \mathfrak{a} \Sigma [\mathfrak{M}' \mathfrak{P}_i].$$

Soll der absolute Betrag von $\mathfrak{M}'$ ein Minimum werden, so muß es auch $\mathfrak{M}'^2$ werden; die Bedingung dafür lautet: Die Änderung von $\mathfrak{M}'^2$ infolge einer Änderung von $\mathfrak{a}$ muß für jede beliebige Änderung des Vektors $\mathfrak{a}$ (in Richtung oder Größe) Null sein.

Wir differenzieren die skalare Gleichung (2), bilden also:

$$2\, \mathfrak{M}'\, d\, \mathfrak{M}' = \Sigma [\mathfrak{r}_i \mathfrak{P}_i]\, d\, \mathfrak{M}' + d\, \mathfrak{a} \Sigma [\mathfrak{M}' \mathfrak{P}_i] + \mathfrak{a}\, [d\, \mathfrak{M}' \Sigma \mathfrak{P}_i]$$

oder:

$$d\, \mathfrak{M}' \{2\, \mathfrak{M}' - \Sigma [\mathfrak{r}_i \mathfrak{P}_i] + [\mathfrak{a} \Sigma \mathfrak{P}_i]\} = d\, \mathfrak{a}\, [\mathfrak{M}' \Sigma \mathfrak{P}_i].$$

Da $d\, \mathfrak{M}'$ für alle $d\, \mathfrak{a}$ Null sein soll, wenn $\mathfrak{M}' = \mathfrak{M}_m$ das kleinste statische Moment ist, muß der Faktor von $d\, \mathfrak{a}$ Null sein oder:

(3) $$\Sigma [\mathfrak{M}_m \mathfrak{P}_i] = [\mathfrak{M}_m \Sigma \mathfrak{P}_i] = 0,$$

d. h. es ist die Richtung des resultierenden kleinsten statischen Momentes $\mathfrak{M}_m$ parallel zur Richtung der resultierenden Einzelkraft.

Die Größe des kleinsten resultierenden Momentes ergibt sich aus der Größe und Richtung des resultierenden Momentes

$$\mathfrak{M} = \Sigma [\mathfrak{r}_i \mathfrak{P}_i]$$

mit dem Bezugspunkt, von dem aus die Strecken $\mathfrak{r}_i$ gerechnet werden, durch skalare Multiplikation der Gleichung mit $\mathfrak{R} = \Sigma \mathfrak{P}_i$. Es folgt aus (1): $\mathfrak{M}\, \mathfrak{R} = \mathfrak{M}'\, \mathfrak{R}$, oder wenn wir statt $\mathfrak{M}'$ das kleinste Moment $\mathfrak{M}_m$ einsetzen, da $\mathfrak{M}_m$ und $\mathfrak{R}$ parallel sind:

$$M_m R = \mathfrak{M}\, \mathfrak{R} \qquad \text{oder} \qquad M_m = \mathfrak{M}\, \overline{\mathfrak{R}}.$$

Hat man also ein gegebenes Kraftsystem am starren Körper zu einer an dem beliebig gewählten Punkt $O$ angreifenden resultierenden Einzelkraft $\mathfrak{R}$ und einem resultierenden statischen Moment $\mathfrak{M}$ zusammengefaßt, so ist das kleinste resultierende Moment der Größe und Richtung nach gleich der senkrechten Projektion von $\mathfrak{M}$ in die Richtung der Einzelkraft $\mathfrak{R}$.

Um endlich den Angriffspunkt der Einzelkraft für den Fall des kleinsten Momentes zu finden, multiplizieren wir Gleichung (1), in der wir nun $\mathfrak{M}'$ durch $\mathfrak{M}_m$ ersetzen, vektorisch mit $\mathfrak{R}$, dann kommt:

$$0 = [\mathfrak{M}\,\mathfrak{R}] - [[\mathfrak{a}\,\mathfrak{R}]\,\mathfrak{R}],$$

oder

$$\mathfrak{a}\,\mathfrak{R}^2 = -[\mathfrak{M}\,\mathfrak{R}] + \mathfrak{R}\,(\mathfrak{a}\,\mathfrak{R}),$$

oder

$$\mathfrak{a} = -\frac{[\mathfrak{M}\,\overline{\mathfrak{R}}]}{R} + \overline{\mathfrak{R}}\,(\mathfrak{a}\,\overline{\mathfrak{R}}).$$

Nun kann man ohne Änderung des statischen Momentes den Angriffspunkt in Richtung der resultierenden Einzelkraft verschieben, d. h. man kann zum Vektor $\mathfrak{a}$ einen beliebigen, zu $\mathfrak{R}$ parallelen Vektor hinzuaddieren, also auch $-\overline{\mathfrak{R}}\,(\mathfrak{a}\,\overline{\mathfrak{R}})$, ohne daß man an seiner Bedeutung, einen Bezugspunkt des kleinsten Momentes zu definieren, etwas ändert. Es liegt daher der zum kleinsten Moment gehörige Angriffspunkt der resultierenden Einzelkraft in der zur Richtung der Resultante parallelen Geraden, welche durch den Endpunkt des Vektors $\mathfrak{a}$ geht, wenn der Vektor

$$\mathfrak{a} = -\frac{[\mathfrak{M}\,\overline{\mathfrak{R}}]}{R}$$

ist und von dem zu $\mathfrak{M}$ gehörigen Angriffspunkt ausgeht.

## § 20. Der Gradient einer skalaren Funktion

Es sei $V(xyz)$ in der Umgebung des Punktes $x, y, z$ eine stetige skalare Funktion des Ortes $x, y, z$. Sie mag an der Stelle $x, y, z$ nicht einen Maximal-, Minimal- oder Sattelwert haben. Die Änderung der Funktion $V$ hängt ab von der Richtung, in der man von $x, y, z$ fortgeht, und ist:

$$dV = \frac{\partial V}{\partial x}dx + \frac{\partial V}{\partial y}dy + \frac{\partial V}{\partial z}dz. \tag{1}$$

Die rechte Seite können wir auch so schreiben:

$$= \frac{\partial V}{\partial x}\mathfrak{i}\cdot\mathfrak{i}\,dx + \frac{\partial V}{\partial y}\mathfrak{j}\cdot\mathfrak{j}\,dy + \frac{\partial V}{\partial z}\mathfrak{k}\cdot\mathfrak{k}\,dz$$

oder

$$= \left(\frac{\partial V}{\partial x}\mathfrak{i} + \frac{\partial V}{\partial y}\mathfrak{j} + \frac{\partial V}{\partial z}\mathfrak{k}\right)(dx\,\mathfrak{i} + dy\,\mathfrak{j} + dz\,\mathfrak{k}).$$

Das ist das skalare Produkt zweier Vektoren, deren erster nur von den Änderungen von $V$ in Richtung der Koordi-

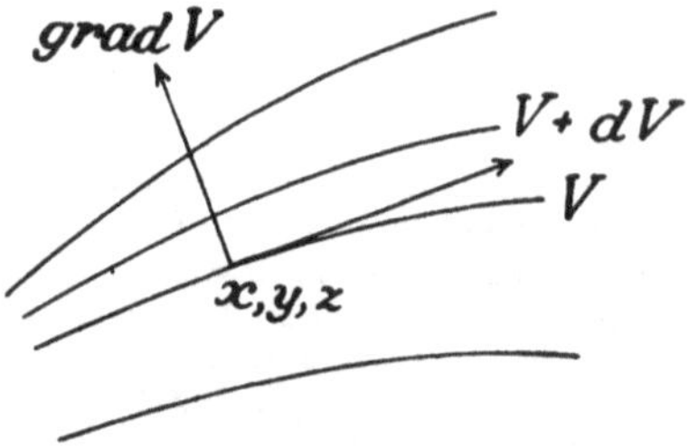


Fig. 11

natenachsen abhängt, und deren zweiter durch die Richtung, in der man vorgeht und in der man die Änderung von $V$ kennenlernen will, bestimmt wird. Den ersten nennen wir

***Gradient V, grad V*** oder (nach Hamilton) $\nabla V$[1]),

den zweiten $\bar{\mathfrak{s}}\,ds$. Die Änderung von $V$ bezogen auf die Längeneinheit der Richtung, in der man vorgeht, also $\frac{dV}{ds}$, hat als skalares Produkt der beiden Vektoren ihren

[1]) Das Zeichen $\nabla$ ist der Form eines altägyptischen Saiteninstrumentes nachgebildet, welches *nabla* genannt wird. Häufig findet man für den Vektor in entgegengesetzter Richtung das Zeichen: grad $V$ angewendet. Andere Vorschläge zur Nennung des Zeichens $\nabla$ sind „del" (Gibbs-Wilson) und „Atled" (Umdrehung von Delta), die indessen nicht Eingang gefunden haben.

größten Wert, wenn die Richtung $\mathfrak{s}$ mit der des Vektors grad $V$ zusammenfällt.

(2) $$\textit{grad}\ V = \frac{\partial V}{\partial x}\mathfrak{i} + \frac{\partial V}{\partial y}\mathfrak{j} + \frac{\partial V}{\partial z}\mathfrak{k}$$

ist also ein Vektor, dessen Richtung zusammenfällt mit der Richtung der größten Änderung von $V$ im Punkt $x, y, z$ und dessen absoluter Betrag diese größte Änderung angibt. (Vgl. Fig. 11.) Man sagt auch: grad oder $\nabla$ ist der Differentialoperator

$$\mathfrak{i}\frac{\partial}{\partial x} + \mathfrak{j}\frac{\partial}{\partial y} + \mathfrak{k}\frac{\partial}{\partial z}.$$

## § 21. Differentiation einer Skalaren nach einer Skalaren in einer vorgegebenen Richtung

(Totale Differentiation einer skalaren Funktion mehrerer Variablen.)

Der totale Differentialquotient von $V$ in der Richtung $\mathfrak{s}$ ist also:

$$\frac{dV}{ds} = \bar{\mathfrak{s}}\ \mathrm{grad}\ V = \frac{\partial V}{\partial x}\frac{dx}{ds} + \frac{\partial V}{\partial y}\frac{dy}{ds} + \frac{\partial V}{\partial z}\frac{dz}{ds},$$

das skalare Produkt des grad $V$ mit dem Einheitsvektor in dieser Richtung. Es sind daher die Komponenten von grad $V$ nach den drei Koordinatenrichtungen $\mathfrak{i}$, $\mathfrak{j}$, $\mathfrak{k}$ oder die Änderungen von $V$ in diesen Richtungen pro Längeneinheit:

$$\mathfrak{i}\cdot \mathrm{grad}\ V = \frac{\partial V}{\partial x},\quad \mathfrak{j}\cdot \mathrm{grad}\ V = \frac{\partial V}{\partial y},\quad \mathfrak{k}\cdot \mathrm{grad}\ V = \frac{\partial V}{\partial z}.$$

Das Symbol $(\mathfrak{s}\nabla)$ bedeutet mithin den Differentialoperator

$$s_x\frac{\partial}{\partial x} + s_y\frac{\partial}{\partial y} + s_z\frac{\partial}{\partial z},\quad \text{wenn } \mathfrak{s} = s_x\mathfrak{i} + s_y\mathfrak{j} + s_z\mathfrak{k}.$$

$\bar{\mathfrak{s}}\cdot \mathrm{grad}\ V = \bar{\mathfrak{s}}\cdot\nabla\ V = \nabla\ V\cdot\bar{\mathfrak{s}} = (\bar{\mathfrak{s}}\nabla)\ V$ ist Null, wenn die Richtungen von $\bar{\mathfrak{s}}$ und grad $V$ senkrecht zueinanderstehen, $\mathfrak{s}$ in die Tangentialebene einer Fläche gleicher Werte von $V$ im Punkt $x$, $y$, $z$ fällt. Man nennt diese

Fläche die Niveau- oder Äquipotentialfläche und kann sagen (vgl. Fig. 11):

Der Gradient steht senkrecht zur Niveaufläche der Funktion $V$ im betrachteten Punkt $x$, $y$, $z$.

Aus der Bedeutung des Zeichens $\nabla$ geht unmittelbar hervor, daß

$$\nabla (U + V) = \nabla U + \nabla V,$$
$$\nabla (U V) = V \nabla U + U \nabla V,$$

und wenn $c$ eine Konstante ist,

$$\nabla (c U) = c \nabla U.$$

Die inverse Operation, d. h. die Integration des Gradienten längs eines Weges ergibt:

$$\int_1^2 \nabla V \cdot d\mathfrak{s} = \int_1^2 \operatorname{grad} V \cdot d\mathfrak{s} = V_2 - V_1 = \int_1^2 \frac{dV}{ds} ds.$$

Man nennt dieses Integral das Linienintegral des Gradienten von $V$. Für irgend zwei Wege mit demselben Endpunkt hat dieses Linienintegral den gleichen Wert. Es ist daher das Linienintegral eines Gradienten über einen geschlossenen Weg gleich Null: $\oint \operatorname{grad} V \cdot d\mathfrak{s} = 0$. Umgekehrt folgt aus der Bedingung, daß jedes Linienintegral eines Vektors über einen geschlossenen Weg Null sein soll, daß der Vektor als der Gradient einer skalaren Größe darstellbar ist. Wenn nämlich das Linienintegral über eine geschlossene Kurve Null ist, so kann das Linienintegral über ein Kurvenstück nicht vom Wege abhängen, sondern muß eine Funktion der Endpunkte sein, also

$$\int_1^2 X ds = V(x_2, y_2, z_2) - V(x_1, y_1, z_1) = V_2 - V_1.$$

Wir können die Endpunkte des Weges 1–2 beliebig nahe zusammenrücken, so daß nur ein Glied links und ein Differential rechts stehenbleibt und folgt

$$X ds = dV = \operatorname{grad} V \cdot d\mathfrak{s}.$$

## § 22. Differentiation eines Vektors nach einer skalaren Größe in einer vorgegebenen Richtung

(Totale Differentiation eines Vektors.)

Die Änderung eines Vektors

(1) $$\mathfrak{V} = V_x \mathfrak{i} + V_y \mathfrak{j} + V_z \mathfrak{k}$$

bei Änderung seiner Ortskoordinaten $x$, $y$, $z$ setzt sich zusammen aus den Änderungen seiner Komponenten. Diese Änderungen in der Richtung

(1′) $$\mathfrak{a} = a_x \mathfrak{i} + a_y \mathfrak{j} + a_z \mathfrak{k}$$

oder die totalen Differentialquotienten von $V_x$, $V_y$, $V_z$ in der Richtung $\mathfrak{a}$ sind nun nach § 21

$$(\mathfrak{a}\nabla)\, V_x,\ (\mathfrak{a}\nabla)\, V_y,\ (\mathfrak{a}\nabla)\, V_z.$$

Die Gesamtänderung, die $\mathfrak{V}$ erfährt, wenn wir in der Richtung $\mathfrak{a}$ um die beliebig kleine Längeneinheit vorgehen, oder der totale Differentialquotient von $\mathfrak{V}$ in der Richtung $\mathfrak{a}$ ist danach:

(2) $$d V_x \mathfrak{i} + d V_y \mathfrak{j} + d V_z \mathfrak{k} = (\mathfrak{a}\nabla)\, V_x \mathfrak{i} + (\mathfrak{a}\nabla)\, V_y \mathfrak{j} + (\mathfrak{a}\nabla)\, V_z \mathfrak{k} = \mathfrak{W},$$

mit den Komponenten

(3) $$\begin{cases} W_x = a_x \dfrac{\partial V_x}{\partial x} + a_y \dfrac{\partial V_x}{\partial y} + a_z \dfrac{\partial V_x}{\partial z} = \mathfrak{a} \operatorname{grad} V_x \\ W_y = a_x \dfrac{\partial V_y}{\partial x} + a_y \dfrac{\partial V_y}{\partial y} + a_z \dfrac{\partial V_y}{\partial z} = \mathfrak{a} \operatorname{grad} V_y \\ W_z = a_x \dfrac{\partial V_z}{\partial x} + a_y \dfrac{\partial V_z}{\partial y} + a_z \dfrac{\partial V_z}{\partial z} = \mathfrak{a} \operatorname{grad} V_z, \end{cases}$$

wofür wir abkürzend schreiben:

(3′) $$(\mathfrak{a}\nabla)\, \mathfrak{V} = d_{\mathfrak{a}} \mathfrak{V} = \mathfrak{a}\, \mathfrak{Grad}\, \mathfrak{V}$$

mit der Bezeichnung: Vektorgradient von $\mathfrak{V}$ in Richtung $\mathfrak{a}$. $\mathfrak{W}$, im vorliegenden Fall der totale Differentialquotient von $\mathfrak{V}$ in Richtung $\mathfrak{a}$, ist eine **lineare Vektorfunktion** von $\mathfrak{a}$.

Die linearen Vektorfunktionen und besonders die symmetrischen linearen Vektorfunktionen, die auf den Tensorbegriff führen, spielen eine wichtige Rolle in der Physik und werden weiter unten (III. Teil) behandelt.

In § 18 haben wir die zeitliche Änderung eines Vektors an der Stelle $x$, $y$, $z$ berechnet. Es sei nun der Vektor $\mathfrak{B}$ der Ausdruck einer Eigenschaft eines materiellen Trägers an der Stelle $x$, $y$, $z$; und es sei nach der Änderung dieses auf denselben Träger bezüglichen Vektors in dem Zeitelement gefragt, in welchem der Träger von $x$, $y$, $z$ zu der benachbarten Stelle in der Entfernung $d\mathfrak{s} = \mathfrak{v} \cdot dt$ sich bewegt. Die Änderung des Vektors in der Richtung $d\mathfrak{s}$ ist nach dem eben Gesagten

$$(d\mathfrak{s}\, \nabla)\, \mathfrak{B}.$$

Die gesuchte gesamte Änderung des Vektors in der Zeiteinheit $dt$ setzt sich, wenn man von unendlich kleinen Größen höherer Ordnung absieht, aus diesen beiden Teilen additiv zusammen, nimmt also die Form an:

$$\frac{d\mathfrak{B}}{dt} = \frac{\partial \mathfrak{B}}{\partial t} + (\mathfrak{v}\, \nabla)\, \mathfrak{B}. \tag{4}$$

Im Gegensatz zum ersten Glied auf der rechten Seite, der zeitlichen Änderung an derselben Stelle, bezeichnet man das zweite als die stationäre Änderung.

In gleicher Weise ergibt sich als gesamte zeitliche Änderung einer skalaren Eigenschaft $V$ eines materiellen Trägers, der seinen Ort mit der Geschwindigkeit $\mathfrak{v}$ ändert, der Ausdruck:

$$\frac{dV}{dt} = \frac{\partial V}{\partial t} + (\mathfrak{v}\, \nabla)\, V. \tag{5}$$

## § 23. Die Operation $\nabla$ bei vektoriellem Argument

Die Anwendung des Hamiltonschen Operators

$$\nabla = \mathfrak{i}\,\frac{\partial}{\partial x} + \mathfrak{j}\,\frac{\partial}{\partial y} + \mathfrak{k}\,\frac{\partial}{\partial z}$$

auf Vektoren führt zu Formeln von physikalischer Wichtigkeit. Es ist

$$\nabla \mathfrak{V} = \mathfrak{i}\frac{\partial \mathfrak{V}}{\partial x} + \mathfrak{j}\frac{\partial \mathfrak{V}}{\partial y} + \mathfrak{k}\frac{\partial \mathfrak{V}}{\partial z}$$

zunächst nur eine symbolische Schreibweise, die einer näheren Definition bedarf. Führen wir in die Gleichung die Vektorkomponenten ein, so kommt:

$$\begin{aligned}\nabla \mathfrak{V} = & \mathfrak{i}\left\{\frac{\partial V_x}{\partial x}\mathfrak{i} + \frac{\partial V_y}{\partial x}\mathfrak{j} + \frac{\partial V_z}{\partial x}\mathfrak{k}\right\} \\ & + \mathfrak{j}\left\{\frac{\partial V_x}{\partial y}\mathfrak{i} + \frac{\partial V_y}{\partial y}\mathfrak{j} + \frac{\partial V_z}{\partial y}\mathfrak{k}\right\} \\ & + \mathfrak{k}\left\{\frac{\partial V_x}{\partial z}\mathfrak{i} + \frac{\partial V_y}{\partial z}\mathfrak{j} + \frac{\partial V_z}{\partial z}\mathfrak{k}\right\}\end{aligned}$$

und es entsteht die Frage, wie die Multiplikation zwischen je zwei vektoriellen Faktoren zu verstehen sei, skalar oder vektoriell. Das skalare Produkt schreiben wir $\nabla \mathfrak{V}$ oder $(\nabla \mathfrak{V})$ oder $\nabla \cdot \mathfrak{V}$ oder **div** $\mathfrak{V}$ und nennen es **Divergenz von** $\mathfrak{V}$, das vektorielle $[\nabla \mathfrak{V}]$ oder $\nabla \times \mathfrak{V}$ oder **curl** $\mathfrak{V}$ oder **rot** $\mathfrak{V}$ und nennen es **Rotor** (Rotation) **von** $\mathfrak{V}$.

Nach den Regeln der skalaren Multiplikation ist:

(1) $$\nabla \mathfrak{V} = \frac{\partial V_x}{\partial x} + \frac{\partial V_y}{\partial y} + \frac{\partial V_z}{\partial z},$$

ein Differentialausdruck der Komponenten des Vektors, und zwar eine skalare Größe. Näheres folgt in § 24 und § 25.

Im Fall der Vektormultiplikation ergibt sich:

(2) $$\begin{cases}[\nabla \mathfrak{V}] = \mathfrak{i}\left(\frac{\partial V_z}{\partial y} - \frac{\partial V_y}{\partial z}\right) + \mathfrak{j}\left(\frac{\partial V_x}{\partial z} - \frac{\partial V_z}{\partial x}\right) \\ \qquad\qquad + \mathfrak{k}\left(\frac{\partial V_y}{\partial x} - \frac{\partial V_x}{\partial y}\right),\end{cases}$$

statt dessen können wir die formale Schreibweise benutzen:

$$[\nabla \mathfrak{V}] = \begin{vmatrix}\mathfrak{i} & \mathfrak{j} & \mathfrak{k} \\ \frac{\partial}{\partial x} & \frac{\partial}{\partial y} & \frac{\partial}{\partial z} \\ V_x & V_y & V_z\end{vmatrix}.$$

Sie hat eine ähnliche Form wie das Vektorprodukt zweier Vektoren; der **Hamiltonsche Operator** spielt durchaus die Rolle eines gewöhnlichen Vektors, und es kann bei der Rechnung mit diesem Operator genau nach den gleichen Regeln verfahren werden, als ob das Zeichen $\nabla$ ein selbständiger Vektor sei. Näheres folgt in § 26 und § 27.

Durch ein Beispiel wollen wir hier gleich zeigen, in welcher Weise von der Bemerkung, daß mit dem Zeichen $\nabla$ zu rechnen sei, wie mit einem Vektor, Gebrauch zu machen ist. Das Resultat, welches wir später verwenden werden, kann leicht durch Benutzung der Definitionsgleichung (2) geprüft werden.

Es sei $\mathfrak{u}$ ein beliebiger von $x$, $y$, $z$ abhängiger Vektor, und

$$\mathfrak{r} = x\mathfrak{i} + y\mathfrak{j} + z\mathfrak{k}.$$

Es soll berechnet werden $\operatorname{rot}[\mathfrak{r}\,\mathfrak{u}]$ oder $[\nabla\,[\mathfrak{r}\,\mathfrak{u}]]$. Die geforderten Differentiationen sind auf $\mathfrak{r}$ und $\mathfrak{u}$ auszudehnen. Also ist

$$\operatorname{rot}[\mathfrak{r}\,\mathfrak{u}] = \operatorname{rot}[\mathfrak{r}\,\mathfrak{u}]_{\mathfrak{u}} + \operatorname{rot}[\mathfrak{r}\,\mathfrak{u}]_{\mathfrak{r}},$$

wobei die Indizes die bei der Differentiation konstant zu haltende Größe bezeichnen. Nach Gleichung (2) § 13 ist:

$$(3)\quad \operatorname{rot}[\mathfrak{r}\,\mathfrak{u}]_{\mathfrak{u}} = [\nabla[\mathfrak{r}\,\mathfrak{u}]]_{\mathfrak{u}} = (\mathfrak{u}\nabla)_{\mathfrak{u}}\mathfrak{r} - (\nabla\,\mathfrak{r})_{\mathfrak{u}}\,\mathfrak{u} = d_{\mathfrak{u}}\mathfrak{r} - \mathfrak{u}\operatorname{div}\mathfrak{r}.$$

Entsprechend:

$$(4)\qquad \operatorname{rot}[\mathfrak{r}\,\mathfrak{u}]_{\mathfrak{r}} = -\operatorname{rot}[\mathfrak{u}\,\mathfrak{r}]_{\mathfrak{r}} = \mathfrak{r}\operatorname{div}\mathfrak{u} - d_{\mathfrak{r}}\mathfrak{u}.$$

Die Bedeutung von $d_{\mathfrak{u}}\mathfrak{r}$ und $d_{\mathfrak{r}}\mathfrak{u}$ ergibt sich aus Gleichung (3') in § 22, es sind die totalen Differentialquotienten von $\mathfrak{r}$ resp. von $\mathfrak{u}$ in den Richtungen $\mathfrak{u}$ resp. $\mathfrak{r}$, multipliziert mit den absoluten Werten von $\mathfrak{u}$ resp. von $\mathfrak{r}$.

Infolge der speziellen Annahme von $\mathfrak{r}$ ist

$$(5)\qquad d_{\mathfrak{u}}\mathfrak{r} = \mathfrak{u}, \quad \operatorname{div}\mathfrak{r} = 3$$

und

$$(6)\qquad \operatorname{rot}[\mathfrak{r}\,\mathfrak{u}] = -2\,\mathfrak{u} + \mathfrak{r}\operatorname{div}\mathfrak{u} - d_{\mathfrak{r}}\mathfrak{u}.$$

## § 24. Die skalare Operation $\nabla$ bei vektoriellem Argument. Integralsatz von Gauß

Um die physikalische Bedeutung der Differentialprodukte abzuleiten, wenden wir diese Symbole auf bekannte Beispiele an. Zunächst soll es sich um $\nabla\,\mathfrak{V}$ handeln:

In § 12 wurde als Beispiel eines skalaren Produktes dreier Vektoren die mit „Fluß eines Vektors" bezeichnete Größe eingeführt. Danach ist der Fluß des Vektors $\mathfrak{V}$ durch ein Flächenelement $d\,\mathfrak{o}$ von vorgegebener Richtung gleich $dw = \mathfrak{V} \cdot d\,\mathfrak{o}$. Es sei nun die Aufgabe gestellt, den Fluß des von den Ortskoordinaten abhängigen Vektors $\mathfrak{V}$ durch eine beliebig vorgelegte, geschlossene Fläche mit den Elementen $d\,\mathfrak{o}$, deren Normalen nach außen gerechnet sein mögen, zu berechnen. Wir denken uns die geschlossene Fläche durch zahlreiche, zu den Koordinatenebenen parallele, voneinander immer um $dx$, resp. $dy$, resp. $dz$ entfernte Ebenen in Elemente $d\,\mathfrak{o}$ zerschnitten. Dann ist:

$$d\,\mathfrak{o} = dy\,dz\,\mathfrak{i} + dz\,dx\,\mathfrak{j} + dx\,dy\,\mathfrak{k}$$

und

$$(1)\quad w = \oint \mathfrak{V} \cdot d\,\mathfrak{o} = \oint (V_x\,dy\,dz + V_y\,dz\,dx + V_z\,dx\,dy).$$

$V_x\,dy\,dz$ ist der Fluß des Vektors $\mathfrak{V}$ an der Stelle $x$, $y$, $z$ durch $d\,\mathfrak{o}$ in Richtung der $x$-Achse, oder der Fluß durch die Projektion von $d\,\mathfrak{o}$ in die $yz$-Ebene.

In Fig. 12 sei S die Schnittlinie der geschlossenen Fläche mit einer zur $zx$-Ebene parallelen Ebene, $d\,\mathfrak{o}$ ein Element der Fläche. Der zu diesem $d\,\mathfrak{o}$ gehörige auf der $yz$-Ebene senkrechte Zylinder schneidet in der $yz$-Ebene die Projektion $dy\,dz$ von $d\,\mathfrak{o}$ heraus und durchsetzt die geschlossene Fläche mindestens noch einmal, jedenfalls aber eine gerade Anzahl mal (in der Figur viermal). Der erste Teil des Integrals erfordert eine Summierung der Projektionen sämtlicher mit $V_x$ multiplizierter Oberflächenelemente auf die $yz$-Ebene. Diese Summierung führen wir in der

Weise aus, daß wir zunächst die Summe der mit demselben $d y\, d z$ multiplizierten Werte von $V_x$ bilden und dann piese Beträge über die ganze $yz$-Ebene summieren.

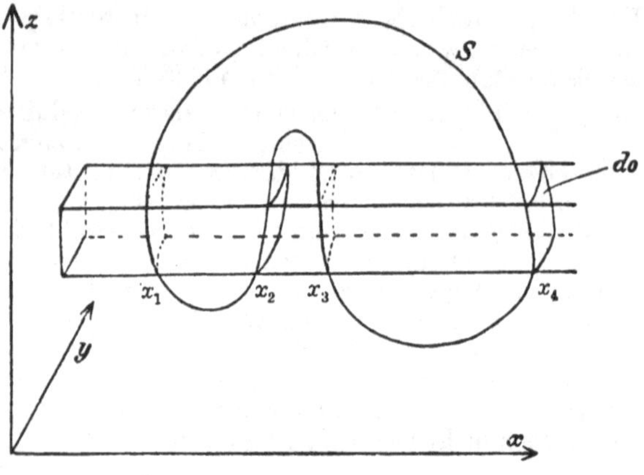


Fig. 12

Das Durchsetzen mag an den Stellen $x_1, x_2, x_3, x_4 \ldots$ geschehen. Ist an der Stelle $x_1$ der Wert von $V_x$ gleich $V_x^{(1)}$, so ist er an der Stelle $x_2$ gleich

$$\int_{x_1}^{x_2} \frac{\partial V_x}{\partial x}\, d x + V_x^{(1)},$$

an der Stelle $x_4$ entsprechend

$$\int_{x_3}^{x_4} \frac{\partial V_x}{\partial x}\, d x + V_x^{(3)} \text{ usw.}$$

Die Normalen der Oberflächenelemente an zwei aufeinanderfolgenden Durchsetzungsstellen haben infolge der Festsetzung, daß die Normalen der geschlossenen Fläche sämtlich nach außen gerechnet sein sollen, entgegengesetzte Richtung. Das eine Mal ist also $d y\, d z$ mit dem positiven, das andere Mal mit dem negativen Zeichen zu versehen. Da wir nun ferner wegen der getroffenen Festsetzung der Normalenrichtung an der geschlossenen Fläche die Normale der Projektion des Oberflächenelementes an der ersten Durchsetzungsstelle in der negativen $x$-Richtung annehmen müssen, so folgt für die Summe der Wert:

$$\sum_x = \int_{x_1}^{x_2} \frac{\partial V_x}{\partial x} d x + \int_{x_3}^{x_4} \frac{\partial V_x}{\partial x} d x + \ldots$$

Die mit $d y\, d z$ multiplizierte Summe $\Sigma_x$ von Integralen ist gerade die Summe aller mit $\frac{\partial V_x}{\partial x}$ multiplizierten Volumenelemente $d\tau$, die in dem Zylinder über der Basis $d y\, d z$ innerhalb der betrachteten Oberfläche liegen. Das Integral

$$\int \sum_x d y\, d z$$

ausgedehnt über die ganze Ebene $yz$ ist daher die Summe aller mit $\frac{\partial V_x}{\partial x}$ multiplizierten Volumenelemente, die innerhalb der vorgelegten Oberfläche liegen. Wir schreiben infolgedessen:

$$\text{(2)} \quad \int V_x\, d y\, d z = \int \sum_x d y\, d z = \int \frac{\partial V_x}{\partial x} d x\, d y\, d z$$
$$= \int \frac{\partial V_x}{\partial x} d\tau .$$

Ebenso gilt:

$$\int V_y\, d x\, d z = \int \frac{\partial V_y}{\partial y} d\tau ,$$
$$\int V_z\, d y\, d x = \int \frac{\partial V_z}{\partial z} d\tau .$$

Durch Addition folgt:

$$\text{(3)} \quad w = \oint \mathfrak{V}\, d\mathfrak{o} = \int \left( \frac{\partial V_x}{\partial x} + \frac{\partial V_y}{\partial y} + \frac{\partial V_z}{\partial z} \right) d\tau = \int \nabla \mathfrak{V}\, d\tau .$$

Der Fluß eines Vektors $\mathfrak{B}$ durch eine geschlossene Oberfläche ist gleich dem Integral über die mit *div* $\mathfrak{B}$ multiplizierten Volumenelemente des von der Oberfläche eingeschlossenen Raumes. Schließt die Oberfläche nur ein Volumenelement ein, so ergibt sich: Der Fluß des Vektors $\mathfrak{B}$ durch die Oberfläche eines unendlich kleinen Volumenelementes, bezogen auf die Volumeneinheit, ist die **Divergenz von $\mathfrak{B}$**, *div* $\mathfrak{B}$, d. i. die auf den Vektor $\mathfrak{B}$ skalar ausgeübte Hamiltonsche Operation $\nabla$; es ist

$$\text{(4)} \qquad \operatorname{div} \mathfrak{B} = \lim_{(d\tau = 0)} \frac{\oint \mathfrak{B} \cdot d\mathfrak{o}}{d\tau} .$$

Um zu einer anderen anschaulichen Bedeutung der Divergenz zu gelangen, betrachten wir jetzt den Vektorfluß durch die Oberfläche eines kleinen Zylinderchens von der sehr kleinen Höhe $dh$, dessen Basisflächen senkrecht zu der Richtung des Vektors $\mathfrak{B}$ stehen und dessen Achse in die Richtung von $\mathfrak{B}$ fällt. $d\tau = dh \cdot do$ sei das Volumen des Zylinders, dann ist:

$$\text{(5)} \qquad \operatorname{div} \mathfrak{B} \cdot d\tau = \oint \mathfrak{B} \cdot d\mathfrak{o} .$$

Das Integral auf der rechten Seite setzt sich, da $\mathfrak{B} \cdot d\mathfrak{o}$ auf dem Zylindermantel Null ist, aus den beiden Elementen $\mathfrak{B} \cdot d\mathfrak{o}$ zusammen, die sich auf die Basisflächen beziehen. Da auf diesen beiden Flächen $d\mathfrak{o}$ entgegengesetztes Zeichen hat, ist $\oint \mathfrak{B}\, d\mathfrak{o} = (V^{(2)} - V^{(1)}) \cdot do$, wenn $V^{(2)}$ und $V^{(1)}$ die Beträge des Vektors $\mathfrak{B}$ an den beiden Basisflächen des Zylinders sind. Gleichung (5) geht also über in die Form:

$$\operatorname{div} \mathfrak{B} \cdot dh = V^{(2)} - V^{(1)},$$

diese Gleichung sagt aus: Die Änderung des Vektorflusses durch die Flächeneinheit an der Stelle $x_1, y_1, z_1$ beim Übergang zum Punkt $x_2, y_2, z_2$, der von $x_1, y_1, z_1$ in Richtung des Vektors $\mathfrak{B}$ um $dh$ entfernt ist, ist gleich der Divergenz des Vektors $\mathfrak{B}$ multipliziert mit $dh$.

Behält bei auf Null abnehmendem $dh$ die Differenz $V^{(2)} - V^{(1)}$ einen endlichen Wert, so hat man es an der Fläche, in die die beiden Zylinderbasisflächen übergehen, mit einer Unstetigkeit der zur Fläche senkrechten Komponente von $\mathfrak{V}$ zu tun. Man schreibt dann:

$$\operatorname{div} \mathfrak{V} \cdot dh = \frac{1}{do} \oint \mathfrak{V}\, d\mathfrak{o} = \operatorname{Div} \mathfrak{V}$$

und spricht von einer Flächendivergenz, in die die räumliche Divergenz übergegangen ist.

Die Gleichung (3) ist bekannt unter dem Namen: Integralsatz von Gauß und gibt die Transformation eines Flächenintegrals in ein Raumintegral oder umgekehrt.

Da das Vorzeichen von $\nabla \mathfrak{V}$ von der Festsetzung der Richtung der Flächennormale abhängt, ist $\nabla \mathfrak{V}$ eine pseudoskalare Größe.

## § 25. Anwendungen. Die Bezeichnung Divergenz

Ist durch den Vektor $\mathfrak{V}$ ein Wärmestrom in einem Körper der Richtung und Größe nach bezeichnet, d. h. die Wärmemenge, die in der Zeiteinheit durch die zur Richtung von $\mathfrak{V}$ senkrecht gelegene Flächeneinheit hindurchtritt, so ist die Wärmemenge, die durch das Flächenelement $d\mathfrak{o}$ von beliebig vorgegebener Richtung hindurchgeht, der Vektorfluß durch dieses Flächenelement, gleich $\mathfrak{V} \cdot d\mathfrak{o}$. Die Wärmemenge, die in das von der Fläche eingeschlossene Volumen mehr ein- als austritt, dient zur Energievermehrung dieses Volumens. Wird in dem Volumen keine innere oder äußere Arbeit geleistet, so wird die Wärmemenge eine Temperaturerhöhung hervorrufen. Wenn $c$ die spezifische Wärme und $\varrho$ die Dichte des Körpers bezeichnet, so ist die Wärmemenge, die eine Temperaturerhöhung $\frac{\partial \vartheta}{\partial t}$ des Volumens $d\tau$ in der Zeiteinheit bewirkt: $c\varrho \frac{\partial \vartheta}{\partial t} d\tau$. Dies ist also gleichzusetzen: $\operatorname{div} \mathfrak{V} \cdot d\tau$

oder:

$$\operatorname{div} \mathfrak{B} = c\varrho \frac{\partial \vartheta}{\partial t}.$$

Bezeichnet der Vektor $\mathfrak{B}$ eine Flüssigkeitsströmung, so ist der Vektorfluß durch eine Fläche gleich der durch die Fläche pro Zeiteinheit hindurchtretenden Flüssigkeitsmenge. Die Inkompressibilitätsbedingung von Flüssigkeiten verlangt, daß in eine geschlossene Fläche nicht mehr Flüssigkeit ein- als austritt, d. h. die Menge der im ganzen eintretenden Flüssigkeit der Fluß durch die geschlossene Fläche, Null ist. Die Inkompressibilitätsbedingung lautet also in Vektorschreibweise:

$$\operatorname{div} \mathfrak{B} = 0.$$

Ist ein Vektorfeld so beschaffen, daß in Volumenelementen an gewissen Stellen des Raumes $\nabla \mathfrak{B}$ einen von Null verschiedenen Wert annimmt, so wird in diesen Elementen ein Teil der durch den Vektor mitgeführten Menge (z. B. Wärmemenge oder Flüssigkeitsmenge) erzeugt oder vernichtet. Man spricht dann bei Erzeugung im Volumenelement von **Quellgebieten** und **Quellpunkten.** Stellen, in denen eine größere Menge zu- als fortgeführt wird, nennt man **Senken** (negative Quellen). Die Menge, die positiv oder negativ zugeführt wird, also $\nabla \mathfrak{B}$, ist die **Ergiebigkeit,** die **Divergenz** der Quelle.

## § 26. Die vektorielle Operation $\nabla$. Die Rotation

Um die Bedeutung der Operation $[\nabla \mathfrak{B}]$ zu erkennen, knüpfen wir an die Bewegung eines starren Körpers an. Die relative Geschwindigkeit irgendeines Punktes $p_1$ gegen einen Punkt $p_2$ ist durch die Gleichung gegeben:

$$\mathfrak{v} = \frac{d\mathfrak{r}}{dt} = \bar{\mathfrak{r}} \frac{dr}{dt} + r \frac{d\bar{\mathfrak{r}}}{dt}, \tag{1}$$

wenn der Vektor $\mathfrak{r}$ die Verbindung der beiden Punkte $p_1$, $p_2$ bedeutet. Sind die beiden Punkte starr miteinander verbunden, kann also die Entfernung sich nicht ändern, so muß $\frac{dr}{dt} = 0$ sein; der Rest

$$\mathfrak{v} = r \frac{d\bar{\mathfrak{r}}}{dt} \tag{2}$$

sagt aus, daß die relative Geschwindigkeit $\mathfrak{v}$ immer senkrecht zu der Verbindungslinie der Punkte gerichtet ist, deren relative Geschwindigkeit $\mathfrak{v}$ gesucht wird, und ist die allgemeine Form der relativen Bewegung der Punkte eines starren Körpers gegen irgendeinen mit dem Körper fest verbundenen Punkt $O$. Hat der Punkt $O$ selbst die Geschwindigkeit $\mathfrak{v}_0$, so ist, wenn $\mathfrak{r}_i$ die Entfernung des Punktes $p_i$ von dem Bezugspunkt ist, die Geschwindigkeit $\mathfrak{v}_i$ der Punkte eines starren Körpers:

$$\mathfrak{v}_i = \mathfrak{v}_0 + r_i \frac{d\bar{\mathfrak{r}}_i}{dt}. \tag{3}$$

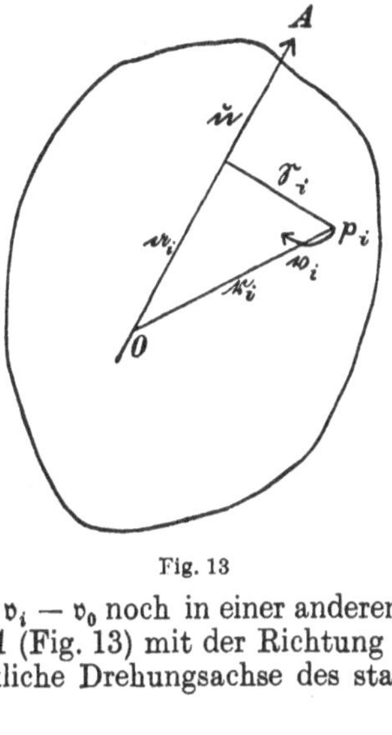


Fig. 13

Wir können $\mathfrak{v}_i - \mathfrak{v}_0$ noch in einer anderen Form schreiben. Es sei $OA$ (Fig. 13) mit der Richtung des Vektors $\bar{\mathfrak{a}}$ die augenblickliche Drehungsachse des starren Körpers, dann ist, wenn $\mathfrak{S}_i$ den momentanen Krümmungskreisradius des Punktes $p_i$ darstellt ($\mathfrak{S}_i \perp \mathfrak{a}$):

$$\mathfrak{r}_i = \mathfrak{a}_i + \mathfrak{S}_i$$

$$(4) \quad \mathfrak{v}_i - \mathfrak{v}_0 = \frac{d\mathfrak{r}_i}{dt} = \frac{d\mathfrak{S}_i}{dt} = S_i \frac{d\overline{\mathfrak{S}}_i}{dt} = (\mathfrak{S}_i \overline{\mathfrak{S}}_i) \frac{d\overline{\mathfrak{S}}_i}{dt}.$$

Die rechte Seite können wir mit Rücksicht auf die Identität

$$\overline{\mathfrak{S}}_i \left(\frac{d\overline{\mathfrak{S}}_i}{dt} \mathfrak{S}_i\right) = 0$$

und auf die Rechenregel (2) in § 13 umformen in:

$$-\left[\overline{\mathfrak{S}}_i \left[\overline{\mathfrak{S}}_i \frac{d\overline{\mathfrak{S}}_i}{dt}\right]\right].$$

Der Vektor $\left[\overline{\mathfrak{S}}_i \frac{d\overline{\mathfrak{S}}_i}{dt}\right]$ hat nun für alle Punkte $p_i$ des starren Körpers denselben Wert. Er steht senkrecht auf $\overline{\mathfrak{S}}_i$ und $\frac{d\overline{\mathfrak{S}}_i}{dt}$, fällt also in die Richtung der Drehungsachse. Sein Betrag ist gleich dem doppelten Inhalt der Fläche, die von dem Einheitsradius in einer zur Drehachse senkrechten Ebene in der Zeiteinheit überstrichen wird. Wir wollen diesen Vektor, wie das allgemein üblich geworden ist, Winkelgeschwindigkeit nennen und mit $\mathfrak{u}$ bezeichnen. Denn der Begriff „Winkelgeschwindigkeit" der gewöhnlichen Analysis hat die charakteristischen Merkmale eines Vektors; zu ihrer Bestimmung ist neben der Angabe des absoluten Betrages auch die Angabe der Richtung der Drehungsachse notwendig. Es ist also:

$$\mathfrak{u} = \left[\overline{\mathfrak{S}}_i \frac{d\overline{\mathfrak{S}}_i}{dt}\right] \quad \text{und} \quad \mathfrak{v}_i = \mathfrak{v}_o + [\mathfrak{u}\mathfrak{S}_i]$$

oder, da $[\mathfrak{a}_i \mathfrak{u}] = 0$ und $\mathfrak{r}_i = \mathfrak{a}_i + \mathfrak{S}_i$ ist:

$$\mathfrak{v}_i = \mathfrak{v}_o + [\mathfrak{u}\mathfrak{r}_i].$$

Wir wollen nun auf

$$(5) \quad \mathfrak{v} = \mathfrak{v}_o + [\mathfrak{u}\mathfrak{r}]$$

die vektorielle Differentialoperation $\nabla$ anwenden. In den darin geforderten Differentiationen nach $x$, $y$, $z$ handelt es sich um Bestimmung der Änderung von $\mathfrak{v}$ resp. $[\mathfrak{u}\mathfrak{r}]$ bei dem Übergang vom Punkt $x$, $y$, $z$ zum Nachbarpunkt. Für diesen Nachbarpunkt hat $\mathfrak{u}$ aber zur gleichen Zeit den gleichen Wert wie für den Punkt $x$, $y$, $z$, also haben wir bei der Differentiation der rechten Seite $\mathfrak{u}$ als eine Konstante zu betrachten. Wir erhalten mit Benutzung der Gleichungen (3) und (6) in § 23

$$\text{(6)} \qquad \operatorname{rot} \mathfrak{v} = \operatorname{rot} [\mathfrak{u}\mathfrak{r}]_u = 2\,\mathfrak{u}.$$

Die Rotation oder **der Rotor der momentanen Geschwindigkeit** eines Punktes ist gleich der doppelten Winkelgeschwindigkeit des Punktes in seiner Bahn. (Vgl. hierzu das Ende des folgenden §.)

Infolge dieser Beziehung hat man die Operation als Rotation, **Rotor** oder Wirbel, curl oder Quirl bezeichnet.

Aus der Komponentendarstellung:

$$\text{(7)} \qquad \operatorname{rot} \mathfrak{v} = \begin{vmatrix} \mathfrak{i} & \mathfrak{j} & \mathfrak{k} \\ \frac{\partial}{\partial x} & \frac{\partial}{\partial y} & \frac{\partial}{\partial z} \\ v_x & v_y & v_z \end{vmatrix} = +\,\mathfrak{i}\left(\frac{\partial v_z}{\partial y} - \frac{\partial v_y}{\partial z}\right) + \mathfrak{j}\left(\frac{\partial v_x}{\partial z} - \frac{\partial v_z}{\partial x}\right) + \mathfrak{k}\left(\frac{\partial v_y}{\partial x} - \frac{\partial v_x}{\partial y}\right)$$

folgt unmittelbar, daß $\operatorname{rot} \mathfrak{v} = 0$, wenn $\mathfrak{v}$ der Gradient einer skalaren Größe $\varphi$ ist:

$$\text{(8)} \qquad \operatorname{rot} \operatorname{grad} \varphi = 0,$$

denn dann sind die Unterdeterminanten Null. Ist dagegen $\operatorname{rot} \mathfrak{v} \neq 0$, so muß nach § 21 das Integral $\int \mathfrak{v}\, d\mathfrak{s}$ vom Integrationswege abhängen und über eine geschlossene Kurve von Null verschieden sein.

## § 27. Satz von Stokes

Wenn das über eine geschlossene Kurve genommene Integral $\oint \mathfrak{V}\, d\mathfrak{s}$ nicht Null ist, so läßt es sich durch den Vektor $\operatorname{rot} \mathfrak{V}$ darstellen.

Es sei zunächst eine ganz bestimmte Kurve vorgelegt, längs der die Integration ausgeführt werden soll, nämlich die Umrandung eines Parallelogrammes $\bar{\mathfrak{o}}\,do = d\mathfrak{o}$ von unendlich kleinem Flächeninhalt mit den Seiten $d\mathfrak{r}$ und $\delta\mathfrak{r}$ an der Stelle $x, y, z$ (Fig. 14). Die Mittelwerte des stetig sich ändernden Vektors $\mathfrak{V}$ auf den vier Seiten 1, 2, 3, 4 seien $\mathfrak{V}^{(1)}$, $\mathfrak{V}^{(2)}$, $\mathfrak{V}^{(3)}$, $\mathfrak{V}^{(4)}$. Dann ist

$$(1)\quad \left\{ \begin{aligned} \oint \mathfrak{V}\, d\mathfrak{s} &= \mathfrak{V}^{(1)} d\mathfrak{r} + \mathfrak{V}^{(2)} \delta\mathfrak{r} - \mathfrak{V}^{(3)} d\mathfrak{r} - \mathfrak{V}^{(4)} \delta\mathfrak{r} \\ &= d\mathfrak{r}\,(\mathfrak{V}^{(1)} - \mathfrak{V}^{(3)}) - \delta\mathfrak{r}\,(\mathfrak{V}^{(4)} - \mathfrak{V}^{(2)}). \end{aligned} \right.$$

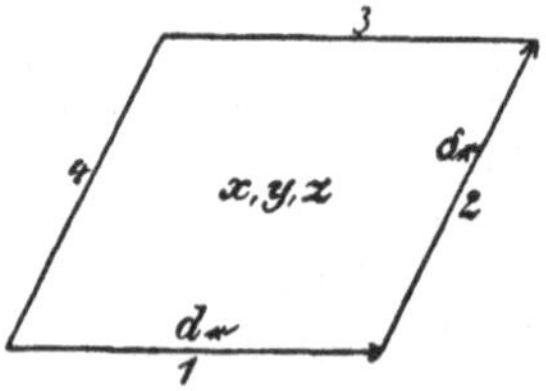


Fig. 14

$\mathfrak{V}^{(1)} - \mathfrak{V}^{(3)}$ ist nun die Änderung des Vektors $\mathfrak{V}$ an der Stelle $x$, $y$, $z$ in der Richtung $-\delta\mathfrak{r}$ auf dem Stück $\delta\mathfrak{r}$, $\mathfrak{V}^{(4)} - \mathfrak{V}^{(2)}$ die in Richtung $-d\mathfrak{r}$ auf dem Stück $d\mathfrak{r}$; wir können also schreiben:

$$(2)\quad \oint \mathfrak{V}\, d\mathfrak{s} = (d\mathfrak{r}\,\nabla)\,\mathfrak{V} \cdot \delta\mathfrak{r} - (\delta\mathfrak{r}\,\nabla)\,\mathfrak{V} \cdot d\mathfrak{r}.$$

Da wir mit dem Operationszeichen $\nabla$ genau so verfahren können wie mit einem Vektor, so dürfen wir die folgenden Umformungen vornehmen. Die einzige Vorsicht, die wir walten lassen müssen, ist, daß wir auf die Reihenfolge der Zeichen achten. Ferner ist zu bedenken, daß am Schlusse der Transformation, in welcher Reihenfolge die Zeichen auch stehen mögen, die durch das Zeichen $\nabla$ geforderten

Differentiationen sich auf den Vektor $\mathfrak{B}$ beziehen, während $\delta\mathfrak{r}$ und $d\mathfrak{r}$ konstante Größen bedeuten.

$$(3)\quad \begin{cases} \oint \mathfrak{B}\, d\mathfrak{s} = (d\mathfrak{r}\, \nabla)\,(\mathfrak{B}\,\delta\mathfrak{r}) - (\delta\mathfrak{r}\,\nabla)\,(\mathfrak{B}\, d\mathfrak{r}) \\ \qquad = (\nabla\, d\mathfrak{r})\,(\mathfrak{B}\,\delta\mathfrak{r}) - (\nabla\,\delta\mathfrak{r})\,(\mathfrak{B}\, d\mathfrak{r}) \\ \qquad = [\nabla\,\mathfrak{B}]\,[d\mathfrak{r}\,\delta\mathfrak{r}] \\ \qquad = \operatorname{rot}\mathfrak{B}\cdot[d\mathfrak{r}\,\delta\mathfrak{r}] = \operatorname{rot}\mathfrak{B}\cdot d\mathfrak{o}. \end{cases}$$

Daraus folgt, daß

$$(4)\qquad \operatorname{rot}\mathfrak{B}\cdot\mathfrak{o} = \lim_{do=0}\cdot\frac{\oint \mathfrak{B}\, d\mathfrak{s}}{do},$$

wobei es nun offenbar gleichgültig ist, ob $\mathfrak{o}\, do$ ein Parallelogramm oder ein beliebig begrenztes, unendlich kleines Flächenelement darstellt. Die Beziehung (4) sagt aus, daß das Linienintegral eines mit dem Wegelement skalar multiplizierten Vektors, nach Division durch die von der Integrationskurve umschlossene, unendlich kleine Fläche, einem

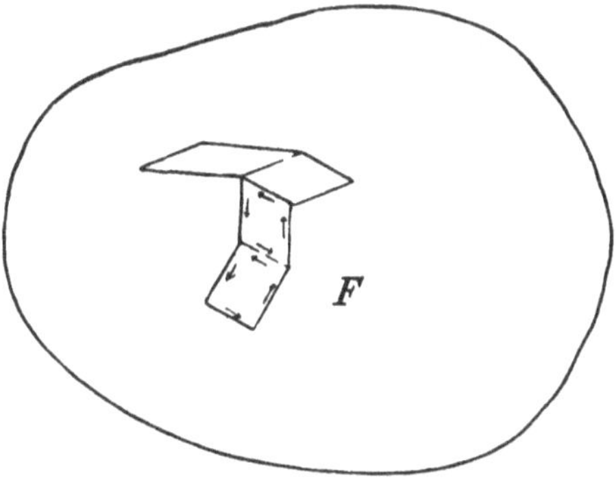


Fig. 15

Grenzwert sich nähert, der gleich ist der **Rotor-** oder **Wirbelkomponente** jenes Vektors in Richtung der Flächennormale an der von der Integrationskurve umschlossenen Stelle.

Zu dem Stokesschen Satz, der eine Transformation eines Linien- in ein Flächenintegral oder umgekehrt darstellt, gelangen wir, wenn wir die in Gleichung (3) berechnete Größe $\text{rot}\,\mathfrak{V}\cdot\bar{\mathfrak{o}}\,d\,o$ über eine Fläche $F$ integrieren, die wir uns in lauter Flächenelemente der betrachteten Art zerlegt denken können. Die linke Seite der Gleichung (3) geht dadurch in die Summe der Linienintegrale längs der Umrandungen sämtlicher Flächenelemente über. Da nun aber (vgl. Fig. 15) die Umrandungen zweier benachbarter Flächenelemente hierbei teilweise sich decken und diese Stücke bei der Integration in entgegengesetzter Richtung durchlaufen werden, so ist die Summe aller Linienintegrale gleich dem Linienintegral über $\mathfrak{V}\,d\mathfrak{s}$ längs der Umrandung der Fläche $F$. Es ist also

$$(5) \qquad \oint \mathfrak{V}\,d\mathfrak{s} = \int \text{rot}\;\mathfrak{V}\,d\,\mathfrak{o}.$$

Diese Gleichung stellt den Satz von Stokes dar: *Das Linienintegral des Vektors $\mathfrak{V}$ über eine geschlossene Kurve ist gleich dem Oberflächenintegral der Rotation des Vektors über eine von der Kurve umrandete Fläche.*

Aus Gleichung (5) folgt der wichtige Satz, daß $\oint \text{rot}\,\mathfrak{V}\cdot d\,\mathfrak{o}$ über eine geschlossene Fläche Null ist, da das Integral auf der linken Seite verschwindet.

Setzen wir in Gleichung (4) für $\mathfrak{V}$ den Geschwindigkeitsvektor $\mathfrak{v}$ eines Punktes $x y z$ eines starren Körpers, so sagt (4) aus, daß die Komponente von $\text{rot}\,\mathfrak{v}$ in eine bestimmte Richtung gleich ist dem Linienintegral über $\mathfrak{v}$ um ein unendlich kleines, zu der Richtung senkrechtes Flächenelement, dividiert durch den Flächeninhalt des Elementes. Fällt das Flächenelement in die Ebene des Krümmungskreises, dem sich die Bahn des Punktes $x y z$ augenblicklich anschmiegt, so wird das Linienintegral und somit auch die linke Seite den größtmöglichen Wert annehmen. Ein Blick auf die Figur 13 lehrt, daß dieser Wert um so größer sein wird, je kleiner der Krümmungsradius der Bahn und je größer die Geschwindigkeit des Punktes $x y z$ in der Bahn ist, mit anderen Worten je größer die Winkelgeschwindigkeit des Punktes $xyz$ in der Bahn (um den augenblicklichen Krümmungsmittelpunkt) sein wird. Diese Betrachtung wird zum Verständnis des Inhalts der Gleichung (6) von § 26 beitragen.

## § 28. Anwendung

Gleichung (3) des vorigen Paragraphen können wir dazu benutzen, dem totalen Differentialquotienten, der durch $(\mathfrak{a}\nabla)\,\mathfrak{V}$ dargestellt werden kann, eine andere Form zu geben. Indem wir auch durch die Schreibweise andeuten wollen, daß die Änderung von $\mathfrak{V}$ längs einer sehr kleinen Strecke in der Richtung $\mathfrak{a}$ bestimmt werden soll, schreiben wir das totale Differential $(d\mathfrak{a}\nabla)\,\mathfrak{V}$. Wir ersetzen in der Gleichung (3) des § 27 $d\mathfrak{r}$ durch $d\mathfrak{a}$, dann ist

$$(1)\qquad [\mathrm{rot}\,\mathfrak{V}\,d\mathfrak{a}]\,\delta\mathfrak{r} = (d\mathfrak{a}\,\nabla)\,\mathfrak{V}\cdot\delta\mathfrak{r} - \nabla\,(\mathfrak{V}\,d\mathfrak{a})\,\delta\mathfrak{r}.$$

Nach den Regeln der Multiplikation können wir statt dessen schreiben:

$$\delta\mathfrak{r}\,\{[\mathrm{rot}\,\mathfrak{V}\,d\mathfrak{a}] + \nabla\,(\mathfrak{V}\,d\mathfrak{a}) - (d\mathfrak{a}\,\nabla)\,\mathfrak{V}\} = 0.$$

Da diese Gleichung identisch erfüllt sein muß, welchen Wert der Vektor $\delta\mathfrak{r}$ auch annimmt, so muß der Klammerausdruck identisch Null sein, d. h. das totale Differential des Vektors $\mathfrak{V}$ in der Richtung des Vektors $d\mathfrak{a}$ ist

$$(2)\qquad (d\mathfrak{a}\,\nabla)\,\mathfrak{V} = [\mathrm{rot}\,\mathfrak{V}\,d\mathfrak{a}] + \nabla\,(\mathfrak{V}\,d\mathfrak{a})_{d\mathfrak{a}},$$

wobei anzumerken ist, daß $d\mathfrak{a}$ bei der Differentiation konstant gehalten werden muß, was wir durch den Index anzeigen wollen.

Die Formel (4) des § 22 geht dadurch über in:

$$(3)\qquad \frac{d\mathfrak{V}}{dt} = \frac{\partial\mathfrak{V}}{\partial t} + [\mathrm{rot}\,\mathfrak{V}\cdot\mathfrak{v}] + \nabla\,(\mathfrak{V}\mathfrak{v})_{\mathfrak{v}}.$$

Ist der Vektor $\mathfrak{V}$ der Geschwindigkeitsvektor des Punktes selbst, so erhalten wir die spezielle Form:

$$(4)\qquad \frac{d\mathfrak{v}}{dt} = \frac{\partial\mathfrak{v}}{\partial t} + \frac{1}{2}\,\nabla\,\mathfrak{v}^2 - [\mathfrak{v}\,\mathrm{rot}\,\mathfrak{v}].$$

Es mag hier noch die Gesamtänderung des Vektorflusses durch eine Fläche $F$ in der Zeit $dt$ berechnet werden, also:

$$\frac{d}{dt}\int \mathfrak{V} \cdot d\,\mathfrak{o}.$$

$\int \mathfrak{V} \cdot d\,\mathfrak{o}$ ist eine skalare Größe, es ist also nach Gleichung (5) des § 22:

$$\frac{d}{dt}\int \mathfrak{V} \cdot d\,\mathfrak{o} = \frac{\partial}{\partial t}\int \mathfrak{V} \cdot d\,\mathfrak{o} + (\mathfrak{v}\nabla)\int \mathfrak{V} \cdot d\,\mathfrak{o}.$$

Das letzte Glied bedeutet die Änderung des Flusses pro Zeiteinheit, wenn die durchströmte Fläche sich mit der Geschwindigkeit $\mathfrak{v}$ bewegt. Die Fläche durchstreicht im allgemeinen bei der Bewegung einen Raum, der begrenzt ist erstens durch die Größe und Lage der Fläche $\mathfrak{F}^{(1)}$ und $\mathfrak{F}^{(2)}$ zu Beginn und zu Ende der Bewegung und zweitens durch den bei der Bewegung von der Umrandung $\mathfrak{s}$ der Fläche bestrichenen Zylindermantel. Der aus diesem geschlossenen Raum austretende Fluß ist nach (3) in § 24:

$$\int \operatorname{div} \mathfrak{V} \cdot (\mathfrak{v} \cdot d\,\mathfrak{o}).$$

Bezüglich der Normale von $d\,\mathfrak{o}$ setzen wir fest, daß sie mit der Bewegungsrichtung $\mathfrak{v}$ einen spitzen Winkel bilde, dadurch ist die Richtung der Umrandung $\mathfrak{s}$ festgelegt, und zwar so, daß $[d\,\mathfrak{s} \cdot \mathfrak{v}]$ ein Oberflächenelement des betrachteten Raumes mit einer nach außen weisenden Normale ist. Subtrahieren wir von diesem Fluß den, welcher durch die Fläche

$$\int [d\,\mathfrak{s} \cdot \mathfrak{v}]$$

heraustritt, die $\mathfrak{F}^{(1)}$ und $\mathfrak{F}^{(2)}$ verbindet, so erhalten wir den Fluß, welcher durch die beiden Flächen $\mathfrak{F}^{(1)}$ und $\mathfrak{F}^{(2)}$ austritt. Das ist aber gerade die gesuchte Änderung des Flusses, wenn die Fläche $\mathfrak{F}^{(1)}$ in $\mathfrak{F}^{(2)}$ übergeht. Es ist also

$$(\mathfrak{v}\nabla)\int \mathfrak{V} \cdot d\,\mathfrak{o} = \int \operatorname{div} \mathfrak{V}\,(\mathfrak{v} \cdot d\,\mathfrak{o}) + \int \mathfrak{V} \cdot [\mathfrak{v} \cdot d\,\mathfrak{s}],$$

und mit Benutzung des Satzes von Stokes

$$(5)\quad \begin{cases} (\mathfrak{v}\nabla)\int \mathfrak{B}\cdot d\mathfrak{o} = \int \operatorname{div}\mathfrak{B}\,(\mathfrak{v}\cdot d\mathfrak{o}) + \int [\mathfrak{B}\mathfrak{v}]\,d\mathfrak{s} \\ \qquad = \int \operatorname{div}\mathfrak{B}\,(\mathfrak{v}\cdot d\mathfrak{o}) + \int \operatorname{rot}[\mathfrak{B}\mathfrak{v}]\,d\mathfrak{o}, \end{cases}$$

folglich ist

$$(6)\quad \frac{d}{dt}\int \mathfrak{B}\cdot d\mathfrak{o} = \int\left\{\frac{\partial\mathfrak{B}}{\partial t} + \mathfrak{v}\operatorname{div}\mathfrak{B} + \operatorname{rot}[\mathfrak{B}\mathfrak{v}]\right\}d\mathfrak{o},$$

und die Flußänderung durch eine geschlossene Fläche ist daher

$$(7)\quad \frac{d}{dt}\oint \mathfrak{B}\cdot d\mathfrak{o} = \oint\left(\frac{\partial\mathfrak{B}}{\partial t} + \mathfrak{v}\operatorname{div}\mathfrak{B}\right)d\mathfrak{o}.$$

## § 29. Impulssätze

Um die Bewegung eines starren Körpers, der vorgegebenen Kräften unterworfen ist, zu bestimmen, gehen wir von dem d'Alembertschen Prinzip aus. Nach diesem müssen in jedem Augenblick der Bewegung des Punktsystems die gegebenen bewegenden Kräfte unter Hinzufügen der negativ genommenen, mit den Massen multiplizierten, wahren Beschleunigungen — der sogenannten Trägheitskräfte — sich das Gleichgewicht halten. Den Gleichgewichtsbedingungen der Kräfte am starren Körper entsprechend (§ 10) lauten also die Bedingungen, aus denen die Bewegung abgeleitet werden kann, wenn $m_i$ die Massen der Angriffspunkte und $\mathfrak{r}_i$ ihre Entfernung von dem im Raume festen Bezugspunkt bezeichnen:

$$\sum^i \left(\mathfrak{P}_i - m_i\frac{d^2\mathfrak{r}_i}{dt^2}\right) = 0 \text{ und } \sum^i \left[\mathfrak{r}_i,\ \mathfrak{P}_i - m_i\frac{d^2\mathfrak{r}_i}{dt^2}\right] = 0.$$

Diese Gleichungen lassen sich in folgende Form bringen:

$$(1)\quad \begin{cases} \sum^i \mathfrak{P}_i = \frac{d}{dt}\sum^i m_i\frac{d\mathfrak{r}_i}{dt} = \frac{d}{dt}\sum^i m_i\mathfrak{v}_i, \\ \sum^i [\mathfrak{r}_i\mathfrak{P}_i] = \sum^i \mathfrak{M}_i = \frac{d}{dt}\sum^i m_i\left[\mathfrak{r}_i\frac{d\mathfrak{r}_i}{dt}\right] = \frac{d}{dt}\sum^i m_i[\mathfrak{r}_i\mathfrak{v}_i]. \end{cases}$$

Man nennt $\sum^i m_i \mathfrak{v}_i = \mathfrak{B}$ die resultierende Bewegungsgröße oder den Impuls, $\sum^i m_i [\mathfrak{r}_i \mathfrak{v}_i] = \mathfrak{U}$ das resultierende Moment der Bewegungsgrößen oder das Impulsmoment. Die Gleichungen (1) gehen durch Einführung dieser Größen über in die die Impulssätze darstellenden Gleichungen:

$$\sum^i \mathfrak{P}_i = \frac{d\mathfrak{B}}{dt}, \qquad \sum^i \mathfrak{M}_i = \frac{d\mathfrak{U}}{dt}.$$

Handelt es sich speziell wieder um die Bewegung eines um einen Punkt drehbaren starren Körpers und wählen wir diesen wieder als Bezugspunkt, so ist (vgl. § 26):

$$\mathfrak{U} = \sum^i m_i [\mathfrak{r}_i \mathfrak{v}_i] = \sum^i m_i [\mathfrak{r}_i [\mathfrak{u}\,\mathfrak{r}_i]]$$

$$= \sum^i m_i \mathfrak{r}_i^2 \cdot \mathfrak{u} - \sum^i m_i \mathfrak{r}_i (\mathfrak{u}\,\mathfrak{r}_i),$$

oder wenn wir einen starren Körper mit kontinuierlicher Massenverteilung der Dichte $\varrho$ vorlegen:

$$\mathfrak{U} = \int \varrho\, [\mathfrak{r}\mathfrak{v}]\, d\tau = \left(\int \varrho\, \mathfrak{r}^2 \cdot d\tau\right) \mathfrak{u} - \int \varrho\, \mathfrak{r}\, (\mathfrak{u}\,\mathfrak{r})\, d\tau,$$

mit den drei Komponenten:

$$(2) \quad \begin{cases} U_x = +u_x \int \varrho\, (r_y^2 + r_z^2)\, d\tau - u_y \int \varrho\, r_x r_y\, d\tau - u_z \int \varrho\, r_x r_z\, d\tau, \\ U_y = -u_x \int \varrho\, r_y r_x\, d\tau + u_y \int \varrho\, (r_x^2 + r_z^2)\, d\tau - u_z \int \varrho\, r_y r_z\, d\tau, \\ U_z = -u_x \int \varrho\, r_z r_x\, d\tau - u_y \int \varrho\, r_z r_y\, d\tau + u_z \int \varrho\, (r_x^2 + r_y^2)\, d\tau. \end{cases}$$

## § 30. Mehrfache Anwendung der Differentialoperation $\nabla$

Es ist schon häufig von der Bemerkung Gebrauch gemacht worden, daß das Zeichen $\nabla$ bei Multiplikationsrechnungen und Transformationen von Ausdrücken ebenso behandelt werden könne, als sei es das Symbol eines Vektors. Mit Hilfe dieser symbolischen Rechnungsweise, als der einfachsten Methode, mögen hier noch einige Formeln entwickelt werden, welche die Anwendung des Hamiltonschen Operators bei Produkten von Skalaren und Vektoren und die mehrfache Anwendung des Operators auf die bekannten Formen zurückführen.

Es sind im folgenden der Reihe nach die verschiedenen dreigliedrigen Differentialkombinationen von Skalaren, Vektoren und dem Operationszeichen aufgeführt, beigefügte Indizes sollen die Größe bezeichnen, die in dem Differentialausdruck bei der Differentiation konstant zu halten ist.

(1) $\nabla(a\mathfrak{b}) = \operatorname{div}(a\mathfrak{b}) = \nabla(a\mathfrak{b})_a + \nabla(a\mathfrak{b})_\mathfrak{b} = a \operatorname{div}\mathfrak{b} + \mathfrak{b}\operatorname{grad} a.$

(2) $[\nabla(a\mathfrak{b})] = \operatorname{rot}(a\mathfrak{b}) = a \operatorname{rot}\mathfrak{b} - [\mathfrak{b}\operatorname{grad} a].$

(3) $(\nabla\mathfrak{a}\mathfrak{b}) = \operatorname{grad}(\mathfrak{a}\mathfrak{b}) = \operatorname{grad}(\mathfrak{a}\mathfrak{b})_\mathfrak{a} + \operatorname{grad}(\mathfrak{a}\mathfrak{b})_\mathfrak{b}.$

(4) $\nabla[\mathfrak{a}\mathfrak{b}] = \operatorname{div}[\mathfrak{a}\mathfrak{b}] = \nabla[\mathfrak{a}\mathfrak{b}]_\mathfrak{a} + \nabla[\mathfrak{a}\mathfrak{b}]_\mathfrak{b} = -\mathfrak{a}\operatorname{rot}\mathfrak{b} + \mathfrak{b}\operatorname{rot}\mathfrak{a}.$

(5) $[\nabla[\mathfrak{a}\mathfrak{b}]] = \operatorname{rot}[\mathfrak{a}\mathfrak{b}] = [\nabla[\mathfrak{a}\mathfrak{b}]]_\mathfrak{a} + [\nabla[\mathfrak{a}\mathfrak{b}]]_\mathfrak{b}$
$= [\mathfrak{a}(\nabla\mathfrak{b}) - \mathfrak{b}(\nabla\mathfrak{a})]_\mathfrak{a} + [\mathfrak{a}(\nabla\mathfrak{b}) - \mathfrak{b}(\nabla\mathfrak{a})]_\mathfrak{b}$
$= \mathfrak{a}\operatorname{div}\mathfrak{b} - (\mathfrak{a}\nabla)\mathfrak{b} + (\mathfrak{b}\nabla)\mathfrak{a} - \mathfrak{b}\operatorname{div}\mathfrak{a}.$

(6) $[\mathfrak{a}[\nabla\mathfrak{b}]] = \nabla(\mathfrak{a}\mathfrak{b})_\mathfrak{a} - \mathfrak{b}(\mathfrak{a}\nabla)_\mathfrak{a} = \operatorname{grad}(\mathfrak{a}\mathfrak{b})_\mathfrak{a} - (\mathfrak{a}\nabla)\mathfrak{b}.$

Die Vereinfachung der Rechnung durch die symbolische Schreibweise ist sehr groß, besonders bei etwas kompliziertem Bau, wie z. B. bei Gleichung (5). Um diese Gleichung auf gewöhnlichem analytischem Wege zu verifizieren, geht man am besten von der Schreibweise aus:

$$\operatorname{rot}[\mathfrak{a}\mathfrak{b}] = \begin{vmatrix} \mathfrak{i} & \mathfrak{j} & \mathfrak{k} \\ \frac{\partial}{\partial x} & \frac{\partial}{\partial y} & \frac{\partial}{\partial z} \\ \begin{vmatrix} a_y & a_z \\ b_y & b_z \end{vmatrix} & \begin{vmatrix} a_z & a_x \\ b_z & b_x \end{vmatrix} & \begin{vmatrix} a_x & a_y \\ b_x & b_y \end{vmatrix} \end{vmatrix}$$

und berechnet die $x$-Komponente der rechten Seite von Gleichung (5); dieselbe läßt sich nach einigen Kürzungen auf die Form:

$$\frac{\partial}{\partial y}(a_x b_y - a_y b_x) - \frac{\partial}{\partial z}(a_z b_x - a_x b_z)$$

bringen; entsprechendes gilt von der $y$- und $z$- Komponente.

Ist in den Formeln (1) bis (5) der Vektor $\mathfrak{b}$ durch das Zeichen $\nabla$ ersetzt, so kommt:

(1′) $\nabla\nabla a = \operatorname{div}\operatorname{grad} a = \frac{\partial^2 a}{\partial x^2} + \frac{\partial^2 a}{\partial y^2} + \frac{\partial^2 a}{\partial z^2} = \nabla^2 a = \Delta a$[1],

(2′) $[\nabla\nabla a] = \operatorname{rot}\operatorname{grad} a = \begin{vmatrix} \mathfrak{i} & \mathfrak{j} & \mathfrak{k} \\ \frac{\partial}{\partial x} & \frac{\partial}{\partial y} & \frac{\partial}{\partial z} \\ \frac{\partial a}{\partial x} & \frac{\partial a}{\partial y} & \frac{\partial a}{\partial z} \end{vmatrix} = 0,$

(3′) $\nabla(\nabla a) = \operatorname{grad}\operatorname{div}\mathfrak{a},$

(4′) $\nabla[\nabla\,\mathfrak{a}] = \operatorname{div}\operatorname{rot}\mathfrak{a} = \frac{\partial}{\partial x}\begin{vmatrix} \frac{\partial}{\partial y} & \frac{\partial}{\partial z} \\ a_y & a_z \end{vmatrix} + \frac{\partial}{\partial y}\begin{vmatrix} \frac{\partial}{\partial z} & \frac{\partial}{\partial x} \\ a_z & a_x \end{vmatrix}$

$+ \frac{\partial}{\partial z}\begin{vmatrix} \frac{\partial}{\partial x} & \frac{\partial}{\partial y} \\ a_x & a_y \end{vmatrix} = 0,$

(5′) $[\nabla[\nabla\,\mathfrak{a}]] = \operatorname{rot}\operatorname{rot}\mathfrak{a} = \nabla(\nabla\mathfrak{a}) - (\nabla\nabla)\,\mathfrak{a}$

$= \operatorname{grad}\operatorname{div}\mathfrak{a} - \nabla^2\mathfrak{a}$

$= \operatorname{grad}\operatorname{div}\mathfrak{a} - \left(\frac{\partial^2\mathfrak{a}}{\partial x^2} + \frac{\partial^2\mathfrak{a}}{\partial y^2} + \frac{\partial^2\mathfrak{a}}{\partial z^2}\right)$

$= \operatorname{grad}\operatorname{div}\mathfrak{a} - i\,\nabla^2 a_x - j\,\nabla^2 a_y - k\,\nabla^2 a_z.$

Ist die Divergenz eines Vektors $\mathfrak{c}$, div $\mathfrak{c}$, im betrachteten Raum Null, so muß sich nach (4′) $\mathfrak{c}$ als Rotor eines anderen Vektors darstellen lassen.

## § 31. Die Differentialoperationen bei Benutzung rechtwinkliger, krummliniger Koordinaten

Die explizite Form der Differentialoperationen in dem Fall, daß die skalaren Größen und die Vektoren nicht auf rechtwinklig-gradlinige sondern auf rechtwinklig-krumm-

[1]) Die Schreibweise rührt von Lamé her.

linige Koordinaten bezogen sind, z. B. auf die Polarkoordinaten $r$, $\vartheta$, $\varphi$, d. h. auf Koordinaten, die sämtlich oder zum Teil ihre Richtung im Raum von Punkt zu Punkt ändern, aber doch in jedem Punkt als die Schnittlinien aufeinander senkrecht stehender Flächenscharen aufeinander senkrecht stehen, ist etwas komplizierter als die in §§ 20ff. abgeleiteten und soll im folgenden berechnet werden.

1. **grad *V*,** vgl. § 20.

Die Änderung von $V$ bei Änderung um $ds$ in Richtung $\bar{\mathfrak{s}}$ ist, wenn die Komponenten von $ds \cdot \bar{\mathfrak{s}} = d\mathfrak{s}$ im Punkte $x, y, z$ in den Richtungen $\bar{\mathfrak{e}}$, $\bar{\mathfrak{f}}$, $\bar{\mathfrak{g}}$ der rechtwinklig-krummlinigen Koordinaten durch $d_\mathfrak{e} s$, $d_\mathfrak{f} s$, $d_\mathfrak{g} s$ angegeben werden, so daß

$$ds \cdot \bar{\mathfrak{s}} = d\mathfrak{s} = d_\mathfrak{e} s \cdot \bar{\mathfrak{e}} + d_\mathfrak{f} s \cdot \bar{\mathfrak{f}} + d_\mathfrak{g} s \cdot \bar{\mathfrak{g}}$$

zu setzen ist:

$$dV = \frac{\partial V}{\partial_\mathfrak{e} s} d_\mathfrak{e} s + \frac{\partial V}{\partial_\mathfrak{f} s} d_\mathfrak{f} s + \frac{\partial V}{\partial_\mathfrak{g} s} d_\mathfrak{g} s$$

$$= \frac{\partial V}{\partial e} \frac{\partial e}{\partial_\mathfrak{e} s} d_\mathfrak{e} s + \frac{\partial V}{\partial f} \frac{\partial f}{\partial_\mathfrak{f} s} d_\mathfrak{f} s + \frac{\partial V}{\partial g} \frac{\partial g}{\partial_\mathfrak{g} s} d_\mathfrak{g} s .$$

Für $\frac{\partial e}{\partial_\mathfrak{e} s}, \frac{\partial f}{\partial_\mathfrak{f} s}, \frac{\partial g}{\partial_\mathfrak{g} s}$ schreiben wir $\frac{1}{E}, \frac{1}{F}, \frac{1}{G}$; es sind bekannte Funktionen von $e, f, g$ oder von $x, y, z$; dann folgt

$$dV = \frac{\partial V}{\partial e} \frac{1}{E} \bar{\mathfrak{e}} \cdot \bar{\mathfrak{e}}\, d_\mathfrak{e} s + \frac{\partial V}{\partial f} \frac{1}{F} \bar{\mathfrak{f}} \cdot \bar{\mathfrak{f}}\, d_\mathfrak{f} s + \frac{\partial V}{\partial g} \frac{1}{G} \bar{\mathfrak{g}} \cdot \bar{\mathfrak{g}}\, d_\mathfrak{g} s$$

$$= \left( \frac{\partial V}{\partial e} \frac{1}{E} \bar{\mathfrak{e}} + \frac{\partial V}{\partial f} \frac{1}{F} \bar{\mathfrak{f}} + \frac{\partial V}{\partial g} \frac{1}{G} \bar{\mathfrak{g}} \right)$$

$$\cdot (d_\mathfrak{e} s\, \bar{\mathfrak{e}} + d_\mathfrak{f} s\, \bar{\mathfrak{f}} + d_\mathfrak{g} s\, \bar{\mathfrak{g}})$$

$$= \operatorname{grad} V \cdot d\mathfrak{s}$$

mit den Gradientkomponenten in den Richtungen $\bar{\mathfrak{e}}$, $\bar{\mathfrak{f}}$, $\bar{\mathfrak{g}}$

$$\operatorname{grad}_\mathfrak{e} V = \frac{\partial V}{\partial e} \frac{1}{E}, \quad \operatorname{grad}_\mathfrak{f} V = \frac{\partial V}{\partial f} \frac{1}{F}, \quad \operatorname{grad}_\mathfrak{g} V = \frac{\partial V}{\partial g} \frac{1}{G} .$$

Im Fall der Zylinderkoordinaten $z$, $\varrho$, $\varphi$, vgl. Fig. 16, ist die Änderung von $\mathfrak{s}$ in der $z$-Koordinate, also $\frac{\partial_z s}{\partial z} = E$, gleich 1 und somit

$$\operatorname{grad}_z V = \frac{\partial V}{\partial z},$$

entsprechend ergibt sich

$$\frac{\partial_\varrho s}{\partial \varrho} = F = 1 \quad \text{und} \quad \operatorname{grad}_\varrho V = \frac{\partial V}{\partial \varrho}$$

$$\frac{\partial_\varphi s}{\partial \varphi} = G = \varrho \quad \text{und} \quad \operatorname{grad}_\varphi V = \frac{1}{\varrho}\frac{\partial V}{\partial \varphi}.$$

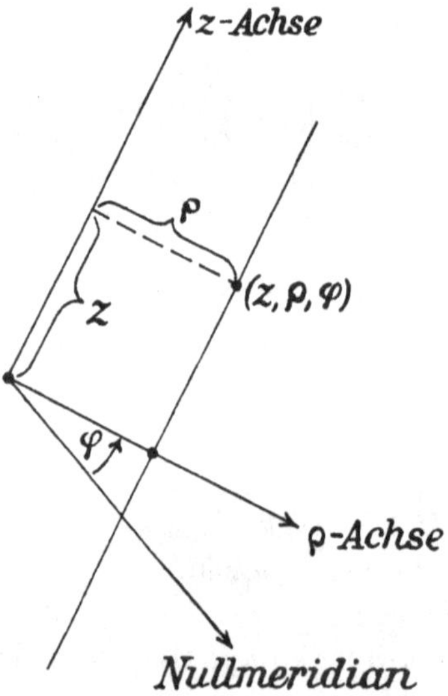


Fig. 16

Im Fall der Polarkoordinaten $r, \vartheta, \varphi$, vgl. Fig. 17, findet man:

$$\frac{\partial_r s}{\partial r} = E = 1 \quad \text{und} \quad \text{grad}_r V = \frac{\partial V}{\partial r}$$

$$\frac{\partial_\vartheta s}{\partial \vartheta} = F = r \quad \text{und} \quad \text{grad}_\vartheta V = \frac{1}{r} \frac{\partial V}{\partial \vartheta}$$

$$\frac{\partial_\varphi s}{\partial \varphi} = G = r \sin \vartheta \quad \text{und} \quad \text{grad}_\varphi V = \frac{1}{r \sin \vartheta} \frac{\partial V}{\partial \varphi}$$

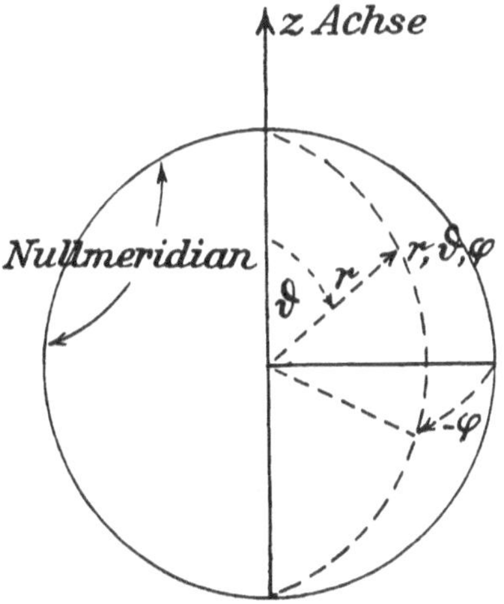


Fig. 17

2. **div** $\mathfrak{V}$, vgl. § 24 und Fig. 18.

Wir gehen aus von der Definition

$$\text{div}\, \mathfrak{V} = \frac{1}{d\tau} \oint \mathfrak{V} \cdot d\mathfrak{o},$$

darin ist

$$d\tau = d\ s \cdot d\ s \cdot d_{\mathfrak{g}} s = de\, df\, dg\, EFG.$$

Die Oberfläche des $d\tau$, über die das Integral zu erstrecken ist, setzt sich aus je zwei Flächenelementen $d_{\mathfrak{e}}s \cdot d_{\mathfrak{f}}s$, $d_{\mathfrak{f}}s \cdot d_{\mathfrak{g}}s$, $d_{\mathfrak{g}}s \cdot d_{\mathfrak{e}}s$, zusammen, von denen z. B.

$$d_{\mathfrak{f}}s \cdot d_{\mathfrak{g}}s = df\,dg \cdot FG$$

ist. $\mathfrak{V}$ ändert sich von dem einen $d_{\mathfrak{f}}s \cdot d_{\mathfrak{g}}s$ zum gegenüberliegenden um $\frac{\partial \mathfrak{V}_{\mathfrak{e}}}{\partial e}\,de$, so daß diese zwei Flächenelemente zum Integral

$$\frac{\partial\,(\mathfrak{V}_{\mathfrak{e}}\,FG)}{\partial e}\,de\,df\,dg$$

beitragen. Damit wird

$$\operatorname{div}\mathfrak{V} = \frac{1}{EFG}\left\{\frac{\partial\,(\mathfrak{V}_{\mathfrak{e}}FG)}{\partial e} + \frac{\partial\,(\mathfrak{V}_{\mathfrak{f}}\,GE)}{\partial f} + \frac{\partial\,(\mathfrak{V}_{\mathfrak{g}}EF)}{\partial g}\right\}.$$

Ist $\mathfrak{V} = \operatorname{grad} V_0$, so geht die Gleichung über in

$$\operatorname{div}\mathfrak{V} = \Delta V_0 = \frac{1}{EFG}\left\{\frac{\partial}{\partial e}\left(\frac{FG}{E}\frac{\partial V_0}{\partial e}\right) + \frac{\partial}{\partial f}\left(\frac{GE}{F}\frac{\partial V_0}{\partial f}\right) + \frac{\partial}{\partial g}\left(\frac{EF}{G}\frac{\partial V_0}{\partial g}\right)\right\}$$

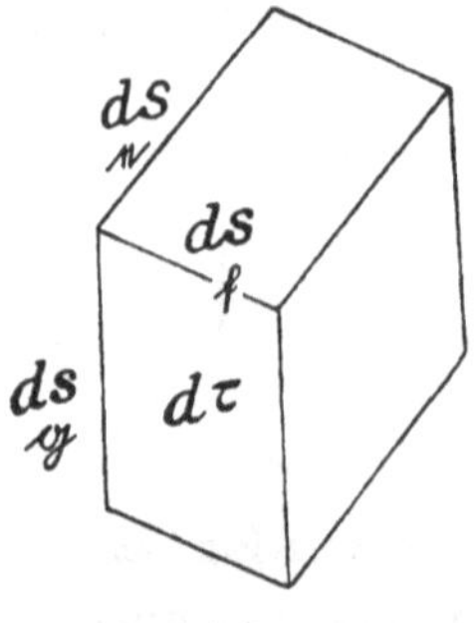


Fig. 18

Als Beispiel diene wieder der Fall der **Zylinderkoordinaten**. Es ist:

$$\operatorname{div}\mathfrak{V} = \frac{1}{\varrho}\left\{\varrho\,\frac{\partial\,\mathfrak{V}_z}{\partial z} + \frac{\partial}{\partial\varrho}\,(\varrho\,\mathfrak{V}_\varrho) + \frac{\partial}{\partial\varphi}\,\mathfrak{V}_\varphi\right\}$$

Im Fall der Polarkoordinaten gilt:

$$\operatorname{div} \mathfrak{B} = \frac{1}{r^2} \frac{\partial}{\partial r} (r^2 \mathfrak{B}_r) + \frac{1}{r \sin\vartheta} \frac{\partial}{\partial \vartheta} (\sin\vartheta\, \mathfrak{B}_\vartheta) + \frac{1}{r \sin\vartheta} \frac{\partial \mathfrak{B}_\varphi}{\partial \varphi}$$

3. **rot $\mathfrak{B}$**, vgl. § 27 und Fig. 14.
Die Wirbelkomponente durch das Flächenelement

$$d o = E F\, de\, df$$

in Richtung der Flächennormale $\mathfrak{o} = \mathfrak{g}$, vgl. Fig. 14, d. h.

$$\operatorname{rot} \mathfrak{B} \cdot \mathfrak{o} \equiv (\operatorname{rot} \mathfrak{B})_\mathfrak{g} = \frac{1}{do} \oint \mathfrak{B}\, d\mathfrak{s}$$

erscheint in der Form

$$(\operatorname{rot} \mathfrak{B})_\mathfrak{g} = \frac{1}{EF\, de\, df} \left\{ \frac{\partial}{\partial e} (\mathfrak{B}_\mathfrak{f} F)\, de\, df - \frac{\partial}{\partial f} (\mathfrak{B}_\mathfrak{e} E)\, de\, df \right\}$$

$$= \frac{1}{EF} \left\{ \frac{\partial}{\partial e} (\mathfrak{B}_\mathfrak{f} F) - \frac{\partial}{\partial f} (\mathfrak{B}_\mathfrak{e} E) \right\}.$$

Denn zu dem Integral $\oint \mathfrak{B}\, d\mathfrak{s}$ liefert das unter dem Integral stehende $\mathfrak{B}\, d\mathfrak{s}$ längs der Seiten 1 und 3 des Parallelogramms bis auf kleine Größen 2. Ordnung den Wert

$$\frac{\partial \mathfrak{B}_\mathfrak{f} d_\mathfrak{f} s}{\partial e} de = \frac{\partial \mathfrak{B}_\mathfrak{f} F\, df}{\partial e} de = \frac{\partial}{\partial e} (\mathfrak{B}_\mathfrak{f} F)\, de\, df$$

und längs der Seiten 2 und 4 den Wert $\frac{\partial}{\partial f} (\mathfrak{B}_\mathfrak{e} E)\, de\, df$.
Entsprechend findet man

$$(\operatorname{rot} \mathfrak{B})_\mathfrak{e} = \frac{1}{FG} \left\{ \frac{\partial}{\partial f} (\mathfrak{B}_\mathfrak{g} G) - \frac{\partial}{\partial g} (\mathfrak{B}_\mathfrak{f} F) \right\}$$

$$(\operatorname{rot} \mathfrak{B})_\mathfrak{f} = \frac{1}{GE} \left\{ \frac{\partial}{\partial g} (\mathfrak{B}_\mathfrak{e} E) - \frac{\partial}{\partial e} (\mathfrak{B}_\mathfrak{g} G) \right\}$$

Des leichteren Verständnisses halber seien auch hier die

Ausdrücke für den Fall der Zylinder- und der Polarkoordinaten hingeschrieben:

$$(\operatorname{rot}\mathfrak{B})_z = \frac{1}{\varrho}\frac{\partial}{\partial\varrho}(\varrho\,\mathfrak{B}_\varphi) - \frac{1}{\varrho}\frac{\partial}{\partial\varphi}\mathfrak{B}_\varrho$$

$$(\operatorname{rot}\mathfrak{B})_\varrho = \frac{1}{\varrho}\frac{\partial\mathfrak{B}_z}{\partial\varphi} - \frac{\partial\mathfrak{B}_\varphi}{\partial z}$$

$$(\operatorname{rot}\mathfrak{B})_\varphi = \frac{\partial\mathfrak{B}_\varrho}{\partial z} - \frac{\partial\mathfrak{B}_z}{\partial\varrho}$$

bzw.

$$(\operatorname{rot}\mathfrak{B})_r = \frac{1}{r\sin\vartheta}\left\{\frac{\partial\sin\vartheta\,\mathfrak{B}_\varphi}{\partial\vartheta} - \frac{\partial\mathfrak{B}_\vartheta}{\partial\varphi}\right\}$$

$$(\operatorname{rot}\mathfrak{B})_\vartheta = \frac{1}{r}\left\{\frac{1}{\sin\vartheta}\frac{\partial\mathfrak{B}_r}{\partial\varphi} - \frac{\partial r\,\mathfrak{B}_\varphi}{\partial r}\right\}$$

$$(\operatorname{rot}\mathfrak{B})_\varphi = \frac{1}{r}\frac{\partial(r\,\mathfrak{B}_\vartheta)}{\partial r} - \frac{1}{r}\frac{\partial\mathfrak{B}_r}{\partial\vartheta}$$

Unbequemer wird die Rechnung, wenn man schiefwinklige Koordinaten einführt.

II. Teil

# Anwendungen in einigen physikalischen Gebieten

## § 32. Einteilung

Wir haben zweierlei Vektoren kennengelernt, die als Funktionen des Ortes **Vektorfelder** bestimmen, solche, deren Divergenz Null, und solche, deren Rotation Null ist. Im ersten Fall haben wir es mit einem **quellenfreien,** im zweiten mit einem **wirbelfreien** Gebiet zu tun; in jenem können wir den Vektor durch die Rotation eines anderen Vektors darstellen, in diesem durch den Gradienten einer skalaren Größe. Je nachdem das eine oder andere der Fall ist, spricht man von einem Solenoidal- oder einem Potentialvektor.

Den allgemeinsten Fall eines Vektorfeldes bestimmt die Summe eines Solenoidal- und eines Potentialvektors, das erinnert an die Darstellung des allgemeinsten Vektors selbst durch die Summe eines axialen und eines polaren Vektors.

Es kommen also die folgenden Fälle von Vektorfeldern vor. Es ist im ganzen Raum

(1) $$\operatorname{rot} \mathfrak{a} = 0, \qquad \operatorname{div} \mathfrak{a} = 0;$$

wegen $\operatorname{rot} \mathfrak{a} = 0$ ist $\mathfrak{a} = \operatorname{grad} V$, also führt $\operatorname{div} \mathfrak{a} = 0$ zu

(1') $$\nabla^2 V = 0.$$

Eine partikuläre Lösung dieser partiellen Differentialgleichung ist

$$V = \frac{c_1}{r} + c_2,$$

worin $\mathfrak{r}$, bzw. $r$ die Entfernung des Punktes $x, y, z$ vom Koordinatenanfangspunkt und $c_1$ und $c_2$ willkürliche Konstanten bedeuten. Soll nun Gleichung (1′) im ganzen Raum, also auch für $r = 0$, gelten, so muß die willkürliche Konstante $c_1 = 0$ sein, so daß sich $V$ auf eine Konstante reduziert und daher

$$\mathfrak{a} = 0$$

sein muß.

(2) $$\operatorname{rot} \mathfrak{a} = 0, \qquad \operatorname{div} \mathfrak{a} \neq 0,$$

so haben wir ein wirbelfreies Quellengebiet mit dem Potentialvektor $\mathfrak{a}$;

(3) $$\operatorname{rot} \mathfrak{a} \neq 0, \qquad \operatorname{div} \mathfrak{a} = 0,$$

so haben wir ein quellenfreies Wirbelgebiet mit dem solenoidalen Vektor $\mathfrak{a}$;

(4) $$\operatorname{rot} \mathfrak{a} \neq 0, \qquad \operatorname{div} \mathfrak{a} \neq 0,$$

so können wir die folgende Zerlegung vornehmen. Es sei

$$\operatorname{div} \mathfrak{a} = \varrho,$$
$$\operatorname{rot} \mathfrak{a} = 2\,\mathfrak{u},$$

dann setzen wir $$\mathfrak{a} = \mathfrak{a}_1 + \mathfrak{a}_2,$$

wo $\mathfrak{a}_1$ einen Potentialvektor, $\mathfrak{a}_2$ einen solenoidalen Vektor bedeuten soll, dann folgt:

$$\operatorname{div} \mathfrak{a}_1 = \varrho, \qquad \operatorname{rot} \mathfrak{a}_1 = 0,$$
$$\operatorname{div} \mathfrak{a}_2 = 0, \qquad \operatorname{rot} \mathfrak{a}_2 = 2\,\mathfrak{u}.$$

In der Potentialtheorie hat man es vorzugsweise mit dem Potentialvektor zu tun, in der Hydrodynamik vorzugsweise mit dem solenoidalen Vektor, während man sich zur Darstellung der elektrischen und magnetischen Erscheinungen des aus beiden zusammengesetzten Vektors bedient.

## Kapitel 1

## Einige Sätze der Potentialtheorie

### 33. Die Bedeutung des Potentials in der Mechanik

Die skalare Größe $V$, als deren Gradient der Vektor $\mathfrak{a}$ dargestellt werden kann, wenn rot $\mathfrak{a} = 0$ ist, nennt man das skalare Potential des Potentialvektors.

Aus § 21 geht hervor: Die Komponente des Potentialvektors in der Richtung $\mathfrak{s}$ mit den Komponenten $s_x, s_y, s_z$ erhalten wir durch Differentiation des Potentials nach dieser Richtung.

Ist $\mathfrak{a}$ ein Kraftvektor und von einem Potential $V$ ableitbar, so ist die Arbeit, die bei Bewegung eines materiellen Punktes unter dem Einfluß dieser Kraft längs eines geschlossenen Weges geleistet wird, Null; denn nach § 21 ist

$$\int_1^2 \mathfrak{a}\, d\mathfrak{s} = V_2 - V_1$$

nur von den Endpunkten des Weges abhängig.

Besitzt die auf einen materiellen Punkt der Masse $m$ wirkende Kraft $\mathfrak{a}$ ein Potential, so kennen wir stets ein Integral der Bewegungsdifferentialgleichungen, nämlich das der Energie. Durch skalare Multiplikation der Bewegungsdifferentialgleichung (Bedeutung von $\mathfrak{r}$ wie in § 32)

$$(1) \qquad m \frac{d^2 \mathfrak{r}}{d t^2} = \mathfrak{a} = \nabla V$$

mit $\frac{d\mathfrak{r}}{dt}$ folgt,

$$m \frac{d^2 \mathfrak{r}}{d t^2} \frac{d r}{d t} \bar{\mathfrak{t}} = \mathfrak{a} \frac{d r}{d t} \bar{\mathfrak{t}} = \frac{1}{d t} (d \mathfrak{r} \nabla) V = \frac{d V}{d t} ;$$

wobei unter dem Differential $dV$ die Änderung von $V$ in

Richtung des Weges $d\mathfrak{r}$ bei der Bewegung während des Zeitelementes $dt$ zu verstehen ist. Durch Integration folgt:

$$\frac{m}{2}\left(\frac{dr}{dt}\right)^2 - V = \text{const}.$$

Kräfte, die ein Potential besitzen, nennt man konservative Kräfte; Zentralkräfte sind konservativ.

Der Ausdruck der Kraft, die dem Newtonschen Anziehungsgesetz zufolge zwischen den Massenpunkten $m_1$ und $m_2$ wirkt, ist, wenn $\mathfrak{r}$ die Entfernung der Massen bezeichnet,

(2) $$\mathfrak{a} = -\frac{K m_1 m_2}{r^2}\,\bar{\mathfrak{r}}.$$

Das Potential dieser Kraft lautet:

(3) $$V = \frac{K m_1 m_2}{r}.$$

Eine einfache Rechnung zeigt, daß in diesem Falle unter Ausschluß des Wertes $r = 0$ überall im Raum

(4) $$\operatorname{div} \mathfrak{a} = \nabla\nabla V = \frac{2}{r}\frac{dV}{dr} + \frac{d^2V}{dr^2} = 0$$

ist, eine Differentialgleichung, welche unter dem Namen „Laplacesche Gleichung" bekannt ist.

## § 34. Newtonsches Potential

Unter Potential schlechthin versteht man häufig die Kräftefunktion des Newtonschen Anziehungsgesetzes bei einer kontinuierlichen oder diskontinuierlichen Massenverteilung. Diese Funktion erfüllt in dem dreidimensionalen, unendlich ausgedehnten Raum die folgenden Bedingungen.

An jedem Punkt des Raumes mit Ausnahme gewisser, nicht räumlich ausgedehnter Stellen (z. B. Punkte, Linien, Flächen) ist

(1) $$\nabla^2 V = \operatorname{div} \mathfrak{a} = 4\pi\varrho,$$

wo $\varrho(\mathfrak{r})$ die Dichte oder Ergiebigkeit des Massensystems im Punkte $\mathfrak{r} = x\mathfrak{i} + y\mathfrak{j} + z\mathfrak{k} = r\bar{\mathfrak{r}}$ bedeutet.

$V$ und seine ersten Ableitungen nach $\mathfrak{r}$ sind überall stetige Funktionen, wieder mit Ausnahme gewisser, nicht räumlich ausgedehnter Stellen.

Die Produkte $\mathfrak{r}V$, $\mathfrak{r}(\mathfrak{r}\nabla)V$ behalten überall endliche Werte.

An Punkten und Linien dürfen Unstetigkeiten von $V$ und seinen ersten Ableitungen vorhanden sein, ohne näher angegeben zu werden.

Besitzen $V$ und die ersten Ableitungen an Flächen Unstetigkeiten, so sollen sich dieselben beschränken auf Unstetigkeiten von $V$ und auf solche der ersten Ableitungen in Richtung der Normale $\mathfrak{n}$ zur Fläche $f$ beim Durchschreiten dieser Fläche; die Sprünge sollen durch die vorgegebenen Funktionen $\omega$, $\chi$ gegeben sein, und zwar:

$$((\bar{\mathfrak{n}}\nabla)\,V)_1 + ((\bar{\mathfrak{n}}\nabla)\,V)_2 = 4\pi\omega, \tag{2}$$

$$V_1 - V_2 = 4\pi\chi, \tag{3}$$

wobei die Indizes zur Unterscheidung der Werte an den beiden Seiten der Fläche beigefügt und die Normalen beiderseits nach außen gerichtet sind.

Diese Bedingungen bestimmen eindeutig das Potential, die denselben genügende Funktion $V$ lautet (nach § 36 und § 37):

$$-V = \int \frac{\varrho \cdot d\tau}{r} + \int \frac{\omega}{r}\,df - \int \left(\chi(\bar{\mathfrak{n}}\nabla)\,\frac{1}{r}\right) df. \tag{4}$$

## § 35. Hilfssätze von Green

Nach dem Satz von Gauß:

$$\int \operatorname{div} \mathfrak{a}\, d\tau = \oint \mathfrak{a}\, d\mathfrak{o} \tag{1}$$

ergibt sich, wenn wir statt $\mathfrak{a}$ das Produkt aus einem Vektor $\mathfrak{a}$ in eine skalare Größe $V$ einsetzen (wobei die Endlichkeit und Stetigkeit des Vektors und des Skalars in dem betrachteten Raum vorausgesetzt wird):

$$\int \operatorname{div}(\mathfrak{a} \cdot V)\, d\tau = \oint (\mathfrak{a} V) \cdot d\mathfrak{o}. \tag{2}$$

Nun ist

$$\operatorname{div}(\mathfrak{a} \cdot V) = V \operatorname{div} \mathfrak{a} + \mathfrak{a} \operatorname{grad} V;$$

setzen wir daher $\mathfrak{a} = \operatorname{grad} U$, so folgt aus (2):

$$\oint (V \nabla U)\, d\mathfrak{o} = \int (V \nabla^2 U)\, d\tau + \int (\nabla U \nabla V)\, d\tau. \tag{3}$$

Durch Vertauschung von $U$ und $V$ erhält man eine entsprechende Gleichung. Subtrahieren wir diese beiden voneinander, so kommt:

$$\oint (V \nabla U - U \nabla V)\, d\mathfrak{o} = \int (V \nabla^2 U - U \nabla^2 V)\, d\tau. \tag{4}$$

Ist $V = U$, so entsteht aus Gleichung (3):

$$\oint (V \nabla V)\, d\mathfrak{o} = \int (V \nabla^2 V + (\nabla V)^2)\, d\tau. \tag{5}$$

Genügt endlich $V$ der Laplaceschen Gleichung: $\nabla^2 V = 0$, so ist

$$\oint (V \nabla V)\, d\mathfrak{o} = \int (\nabla V)^2\, d\tau. \tag{6}$$

Die Gleichungen (4) bis (6) sind zuerst von Green abgeleitet worden.

Das Integral der Laplaceschen Gleichung

$$V = \frac{1}{r}$$

hat nun im Punkt $r = 0$ einen unendlich großen Wert; sollen die Greenschen Sätze (3) bis (6) auf diese Funktion angewandt werden, so müssen wir von dem betreffenden Raum den Punkt $r = 0$ ausschließen und das Oberflächenintegral über diese ausschließende Fläche mit ausdehnen. Wir umschließen den Punkt durch eine Kugelfläche von unendlich kleinem Radius. Das Flächenintegral über diese Kugelfläche läßt sich sofort ausrechnen. Wir berechnen zunächst

$$\oint V \nabla U \, d\mathfrak{o} = \oint \frac{1}{r} \nabla U \, d\mathfrak{o}.$$

Es bezeichne $\mathfrak{n}$ die Richtung des Oberflächenelementes $d\mathfrak{o}$, und $(\nabla U \cdot \mathfrak{n})_{max}$ den größten Wert, den die eingeklammerte Größe auf der kleinen Kugeloberfläche annehmen kann, so ist

$$\lim_{r=0} \left| \oint \frac{1}{r} \nabla U \cdot d\mathfrak{o} \right| \leqq \lim_{r=0} \left| (\nabla U \cdot \mathfrak{n})_{max} \oint \frac{do}{r} \right| = 0.$$

Ferner ist, wenn der Kugelradius so klein ist, daß die Werte von $U$ an den verschiedenen Stellen unendlich wenig von dem Mittelwert $U_0$ im Punkt $r = 0$ verschieden sind,

$$(7) \quad \oint U \nabla V . d\mathfrak{o} = \oint U \nabla \frac{1}{r} \cdot d\mathfrak{o} = -U_0 \oint \frac{do}{r^2}$$
$$= -4\pi U_0.$$

Das Volumenintegral in Gleichung (4) über die kleine Kugel nähert sich mit abnehmendem $r$ der Null, wenn $\nabla^2 U$ endlich ist. Berücksichtigen wir das alles, so geht Gleichung (4) über in:

$$(8) \quad \oint \left( \frac{1}{r} \nabla U - U \nabla \frac{1}{r} \right) d\mathfrak{o} - 4\pi U_0 = \int \frac{1}{r} \nabla^2 U \, d\tau \; ^{1)},$$

eine Formel, in der die Integrale über den Raum, resp. über die Oberfläche des Raumes zu erstrecken sind, in welchem $U$ und die erste Ableitung von $U$ stetige Funktionen sind.

---

[1]) Die Richtigkeit des negativen Zeichens von $4\pi U_0$ erkennt man sofort, wenn man bedenkt, daß wir die Normalenrichtung der Oberflächenelemente der sehr kleinen Kugel, deren Inneres zum „äußeren Raum" gehört — wenn man als solchen den Raum bezeichnet, der von der Betrachtung ausgeschlossen ist — konsequenterweise nach dem Innern der Kugel weisen lassen müssen, sobald an der Festsetzung, die Normale der Oberflächenelemente sei nach dem „äußeren Raum" gerichtet, festgehalten werden soll.

## § 36. Ableitung der Potentialfunktion $V$ aus den charakteristischen Bedingungen

Die Gleichung (8) des § 35 stellt eine Funktionalgleichung zwischen einer Funktion $U$ und ihren ersten und zweiten Ableitungen dar, die von jeder Funktion erfüllt werden muß, welche samt ihrer ersten Ableitung in dem für die Funktionsgleichung in Betracht gezogenen Bereich endlich ist. Es muß also auch die Potentialfunktion $V$ dieser Gleichung genügen, wenn wir die etwa vorhandenen Unstetigkeitspunkte durch Kugelflächen mit beliebig kleinem Radius von dem betrachteten Raum ausschließen, Linien durch röhrenförmige Flächen möglichst geringer Ausdehnung und Unstetigkeitsflächen durch geschlossene Flächen, die sich ihnen möglichst nahe beiderseits anlegen. Das linksstehende Oberflächenintegral ist dann auszudehnen: 1. über die unendlich große Kugelfläche, die den ganzen Raum umschließt, 2. über die Umschließungsflächen um Unstetigkeitspunkte und -linien, 3. über die Umschließungsflächen der Unstetigkeitsflächen mit den vorgegebenen Sprüngen.

Nun ergibt sich unter Berücksichtigung der Bedingungen in § 34:

$$\text{ad (1)} \left\{ \begin{aligned} &\oint_{\infty} \frac{1}{r} \nabla V \cdot d\mathfrak{o} = \\ &\oint_{\infty} r\,(\mathfrak{r}\,\nabla V)\,\frac{do_1}{r} \leqq (r\,\mathfrak{r}\,\nabla V)_{\max}^{r=\infty} \oint_{\infty} \frac{do_1}{r} = 0, \end{aligned} \right.$$

worin $do_1$ den absoluten Betrag des Oberflächenelementes $d\mathfrak{o}_1$ der Einheitskugel bezeichnet, welches vom Mittelpunkt unter dem gleichen Winkel wie $d\mathfrak{o}$ gesehen wird; ferner:

$$-\oint_{\infty} V \nabla \frac{1}{r}\, d\mathfrak{o} = \oint_{\infty} V \frac{1}{r^2} r^2\, d\mathfrak{o}_1 \leqq (r\,V)_{\max}^{r=\infty} \oint_{\infty} \frac{do_1}{r} = 0.$$

$$\text{ad (2)} \qquad \oint \left( \frac{1}{r} \nabla V - V \nabla \frac{1}{r} \right) d\mathfrak{o} = 0,$$

wegen der Endlichkeit von $V$, $r$ und deren Ableitungen an der

Oberfläche, und zufolge der gegen Null konvergierenden Größe der Oberfläche;

$$\text{ad (3)}\quad \begin{cases} \oint\left(\frac{1}{r}\nabla V - V\nabla\frac{1}{r}\right)d\mathfrak{o} = \int\frac{1}{r}\{((\bar{\mathfrak{n}}\nabla)V)_1 \\ + ((\bar{\mathfrak{n}}\nabla)V)_2\}\,df - \int(V_1 - V_2)(\bar{\mathfrak{n}}\nabla)\frac{1}{r}\cdot df, \end{cases}$$

indem wir nämlich immer die auf den beiden Seiten der Unstetigkeitsfläche sich gegenüberliegenden Oberflächenelemente zusammennehmen und nur über die eine Seite, oder was dasselbe ist, über die Unstetigkeitsfläche mit den Flächenelementen $df$ integrieren. Mit Bezugnahme auf die obigen Bestimmungen über die Flächenunstetigkeiten können wir den Ausdruck schreiben:

$$4\pi\int\frac{\omega}{r}\,df - 4\pi\int\chi(\bar{\mathfrak{n}}\nabla)\frac{1}{r}\,df.$$

Durch Addition der Flächenintegrale und mit Berücksichtigung des Wertes $4\pi\varrho$ für $\nabla^2 V$ in dem Integrationsraum selbst erhalten wir daher aus Gleichung (8) die folgende Form:

$$(1)\qquad -V_0 = \int\frac{\varrho}{r}\,d\tau + \int\frac{\omega}{r}\,df - \int\chi(\bar{\mathfrak{n}}\nabla)\frac{1}{r}\,df.$$

$V_0$ ist der Wert der Potentialfunktion $V$ an der Stelle des Raumes, von welcher aus die Entfernung $r$ des Raumelementes $d\tau$ oder des Flächenelementes $df$ zu rechnen ist. Da die Größen $\varrho$, $\omega$, $\chi$ als Funktionen von $x$, $y$, $z$ resp. $\mathfrak{r}$ gegeben sind, ist $V_0$ hieraus berechenbar.

$V_0$ erfüllt nun alle Bedingungen, die in § 34 an $V$ gestellt worden sind; es ist nur noch ein Wort über die Eindeutigkeit von $V_0$ hinzuzufügen. Sind $V_0$ und $V_0'$ zwei Funktionen, die den gestellten Bedingungen genügen, so gelten für die Differenz $U = V_0 - V_0'$ die Bedingungen:

1. $\nabla^2 U = 0$ (mit Ausnahme gewisser, nicht räumlich ausgedehnter Stellen: Punkte, Linien, Flächen).

2. $U$ und seine ersten Ableitungen nach $\mathfrak{r}$ sind überall endlich und stetig, mit Ausnahme nicht räumlich ausgedehnter Stellen, nämlich von Punkten und Linien; Unstetigkeitsflächen von $U$ gibt es nicht.

3. Die Produkte $\mathfrak{r}U$ und $\mathfrak{r}(\mathfrak{r}\nabla)U$ behalten überall endliche Werte.

Wenden wir nach Ausschluß der Unstetigkeiten durch Kugel- und Röhrenflächen auf diese Funktion die Greensche Gleichung (6) an, so verschwindet, wie sich anolog dem Obigen zeigen läßt, die linke Seite identisch; dies fordert $(\nabla U)^2 = 0$, und hieraus folgt mit Benutzung von Bedingung 3, daß $U$ selbst Null sein muß. Somit ist die Eindeutigkeit der Potentialfunktion erwiesen.

## § 37. Deutung der einzelnen Glieder der Lösung

Die gewonnene Lösung stellt die Kräftefunktion des Newtonschen Anziehungsgesetzes bei einer kontinuierlichen oder diskontinuierlichen Massenverteilung dar; d. h. die partielle Ableitung der Lösung nach irgendeiner Richtung im Raum stellt eine in dieser Richtung wirkende Kraft dar, die als Ausdruck des Newtonschen Gesetzes aufgefaßt werden kann.

Leicht zu erkennen ist dies bei dem ersten Glied der Lösung:

$$\int \frac{\varrho}{r}\, d\tau;$$

dasselbe stellt das Newtonsche Potential einer kontinuierlich im Raume verteilten Masse in bezug auf irgendeinen Punkt mit der Masse 1 dar, der vom Element $d\tau$ um $\mathfrak{r}$ entfernt ist. $\varrho$ bedeutet die Dichte der im Raum kontinuierlich verteilten Masse, oder infolge von:

$$\varrho = \frac{1}{4\pi} \nabla^2 V = \frac{1}{4\pi} \operatorname{div} \mathfrak{a}$$

die Ergiebigkeit des Vektors $\mathfrak{a}$ an dem Punkt $x, y, z$. Ist $\operatorname{div} \mathfrak{a}$ oder $\varrho$ positiv, so ist der Punkt ein Quellpunkt, ist $\varrho$ negativ, ein Senkpunkt.

Den zweiten Term der Lösung, das Integral $\int \frac{\omega}{r}\, df$, können wir ebenfalls als den Ausdruck des Newtonschen Potentials eines gewissen materiellen Systems betrachten, nämlich einer Massenverteilung an der Unstetigkeitsfläche, auf dessen Umschließung sich das Integral bezieht, – einer sogenannten Flächenbelegung $\omega$; das $4\pi$fache ist nach Gleichung (2) in § 34 die Änderung von $V$ senkrecht zur Fläche beim Durchschreiten der Unstetigkeitsfläche von $V$ und kann nach § 24 als Flächendivergenz oder Flächenergiebigkeit eines Vektors $\mathfrak{a}$, also als $\operatorname{Div} \mathfrak{a}$ angesprochen werden.

Der dritte Ausdruck der Lösung läßt sich in eine den ersten beiden analoge Form bringen.

Um dies zu zeigen, schreiben wir:

$$\int \chi (\mathfrak{n} \nabla) \frac{1}{r} df = \int \chi \frac{d\frac{1}{r}}{dn} df$$

$$= \int \chi \frac{1}{dn} \frac{1}{r + dr} df - \int \chi \frac{1}{dn} \frac{1}{r} df.$$

Setzen wir nun:

$$\chi \frac{1}{dn} = \varphi$$

mit der Bedingung, daß $\varphi \cdot dn$ für kleiner werdendes $dn$ einen endlichen Wert annimmt, so sind die beiden Integrale von der Form der ersten Terme. $\varphi$ oder $\chi \frac{1}{dn}$ stellt eine Flächenbelegung oder Flächenergiebigkeit an der Unstetigkeitsfläche dar, welche dem Newtonschen Gesetze gemäß auf die äußeren Punkte wirkt. Die Flächenergiebigkeiten, auf die sich die zwei Integrale beziehen, sind zu beiden Seiten der Unstetigkeitsfläche verteilt, so daß das erste Integral über eine dem angezogenen Punkt abgewandte, der Unstetigkeitsfläche sich eng anschließende Fläche, das andere über eine der Unstetigkeitsfläche von der anderen Seite sich eng anschließende Fläche zu nehmen ist. Die Ergiebigkeiten sind auf gegenüberliegenden um $dn$ voneinander entfernten Flächenelementen einander entgegengesetzt gleich und wachsen bei abnehmendem $dn$ ins Unendliche, so daß

$$\text{Lim}\,(\varphi \cdot dn)$$

dem vorgegebenen Werte $\chi$ an der Stelle gleich wird. Infolgedessen nimmt die Differenz der beiden Integrale einen endlichen Wert an. Denn

$$\int \chi \frac{1}{dn} \left(\frac{1}{r} - \frac{1}{r + dr}\right) df = \int \varphi \cdot \frac{dr}{r^2} df = \int \chi \cos(\mathfrak{r}, \mathfrak{n}) \frac{df}{r^2}.$$

Wir können statt dessen sagen:

$$\int \chi (\mathfrak{n} \nabla) \frac{1}{r} df \equiv \int (\chi \mathfrak{n}) \nabla \frac{1}{r} df$$

stellt die Summe zweier entgegengesetzt gleicher, unendlich nahe benachbarter, zu beiden Seiten der Unstetigkeitsfläche verteilter Flächenbelegungen dar, die von der Art unendlich große Ergiebigkeit besitzen, daß das Produkt der Ergiebigkeit in die Entfernung der beiden Belegungen mit abnehmender Entfernung dem endlichen Wert

$$\chi = \frac{1}{4\pi}(V_1 - V_2)$$

sich nähert. Man nennt solche Unstetigkeiten Doppelbelegungen oder Doppelquellen, das Produkt $(\chi \mathfrak{n})$ bezeichnet man als Moment der Doppelquelle, der absolute Betrag dieses Momentes ist also gleich dem $4\pi$-ten Teil des Sprunges von $V$ an der Unstetigkeitsfläche.

Ist $\chi = \varphi\, dn$ konstant über die ganze Unstetigkeitsfläche, so läßt sich das Potential einer solchen mit Doppelquellen belegten Fläche kürzer schreiben:

$$\chi \int \frac{\cos(\mathfrak{r}, \mathfrak{n})}{r^2}\, df = \chi \Omega,$$

wo $\Omega$ den körperlichen Winkel bezeichnet, unter dem die Fläche vom Bezugspunkt aus erscheint.

## Kapitel 2

# Einige Sätze der Hydrodynamik

## § 38. Einführung der Flächenkräfte

Wird der Betrachtung der Systembewegungen nicht mehr die Vorstellung zugrunde gelegt, als bestehe das System aus einer Anzahl diskreter Massenpunkte, sondern, wie man es bei der Behandlung der Flüssigkeiten zu tun pflegt, die Vorstellung eines kontinuierlich im Raume verteilten Mediums, so ist es für die Darstellung notwendig, neben den Kräften, die auf die Massenpunkte oder die mit Masse erfüllten Volumenelemente wirken, Flächenkräfte einzuführen, die auf die Flächenelemente an der Oberfläche des Körpers wirken sollen. Diese Oberflächenkräfte setzen wir proportional dem absoluten Betrage $do$ des Oberflächenelementes $d\mathfrak{o}$, dessen nach dem Außenraum weisende Normale in die Richtung $\mathfrak{n}$ fallen möge; im allgemeinen werden sie von den Ortskoordinaten und der Richtung des Flächenelementes abhängen, es sei deshalb durch den Index $n$ angegeben, daß die Kraft $\mathfrak{P}_n$ sich auf ein Flächenelement mit der Normale $\bar{\mathfrak{n}}$ bezieht.

Die Bewegungsgleichungen des § 29 gehen durch diese Festsetzung über in

$$\int\left(\varrho\,\mathfrak{P}\,d\tau + \mathfrak{P}_n\,do - \varrho\,\frac{d^2\mathfrak{r}}{d\,t^2}\,d\tau\right) = 0, \tag{1}$$

$$\int\left[\mathfrak{r}, \varrho\,\mathfrak{P}\,d\tau + \mathfrak{P}_n\,do - \varrho\,\frac{d^2\mathfrak{r}}{d\,t^2}\,d\tau\right] = 0, \tag{2}$$

wenn $\mathfrak{P}$ die Kraft je Masseneinheit, $\varrho$ die Dichte bezeichnet, $\mathfrak{r} = x\mathfrak{i} + y\mathfrak{j} + z\mathfrak{k}$ auf ein im Raume festes Koordinatensystem bezogen ist und den Ort der Volumen- und Flächenelemente angibt.

Da diese Gleichungen für jeden Teil des Mediums, also auch für ein Volumenelement gelten müssen, so folgt aus der ersten, daß

$$\oint \mathfrak{P}_n\,d\,o$$

über die Oberfläche eines unendlich kleinen Volumenelementes ausgedehnt unendlich klein von dritter Ordnung sein muß. Berechnen wir das Integral für den speziellen Fall, daß das Volumenelement ein unendlich kleines Tetraeder mit den Flächen $d\,o$, $\mathfrak{i}\,d\,\mathfrak{o}$, $\mathfrak{j}\,d\,\mathfrak{o}$, $\mathfrak{k}\,d\,\mathfrak{o}$ ist, so erkennen wir, daß aus diesem Grunde

$$\mathfrak{P}_n = \mathfrak{P}_x\,(\mathfrak{i}\,d\,\bar{\mathfrak{o}}) + \mathfrak{P}_y\,(\mathfrak{j}\,d\,\bar{\mathfrak{o}}) + \mathfrak{P}_z\,(\mathfrak{k}\,d\,\bar{\mathfrak{o}})$$

sein muß. Für irgendeinen Teil des Mediums oder das ganze Medium können wir daher schreiben:

$$\oint \mathfrak{P}_n do = \oint (\mathfrak{P}_x\,(\mathfrak{i}\,d\,\mathfrak{o}) + \mathfrak{P}_y\,(\mathfrak{j}\,d\,\mathfrak{o}) + \mathfrak{P}_z\,(\mathfrak{k}\,d\,\mathfrak{o})).$$

Die rechte Seite können wir mit Hilfe des Satzes von Gauß in das Raumintegral umformen:

$$\int\left(\frac{\partial\mathfrak{P}_x}{\partial x} + \frac{\partial\mathfrak{P}_y}{\partial y} + \frac{\partial\mathfrak{P}_z}{\partial z}\right) d\tau.$$

Denn es ist

$$\oint \mathfrak{P}_x (\mathfrak{i}\, d\,\mathfrak{o}) = \mathfrak{i} \oint (\mathfrak{i}\,\mathfrak{P}_x)(\mathfrak{i}\, d\,\mathfrak{o}) + \mathfrak{j} \oint (\mathfrak{j}\,\mathfrak{P}_x)(\mathfrak{i}\, d\,\mathfrak{o})$$
$$+ \mathfrak{k} \oint (\mathfrak{k}\,\mathfrak{P}_x)(\mathfrak{i}\, d\,\mathfrak{o})$$

oder, da

$$\oint (\mathfrak{i}\,\mathfrak{P}_x)(\mathfrak{i}\, d\,\mathfrak{o}) = \oint \mathfrak{i}\,(\mathfrak{i}\,\mathfrak{P}_x)\, d\,\mathfrak{o}$$
$$= \int \operatorname{div}(\mathfrak{i}\,(\mathfrak{i}\,\mathfrak{P}_x))\, d\tau = \left(\mathfrak{i} \int \frac{\partial \mathfrak{P}x}{\partial x}\right) d\tau$$

und entsprechend

$$\oint (\mathfrak{j}\,\mathfrak{P}_x)(\mathfrak{i}\, d\,\mathfrak{o}) = \left(\mathfrak{j} \int \frac{\partial \mathfrak{P}x}{\partial x}\, d\tau\right)$$

$$\oint (\mathfrak{k}\,\mathfrak{P}_x)(\mathfrak{i}\, d\,\mathfrak{o}) = \left(\mathfrak{k} \int \frac{\partial \mathfrak{P}_x}{\partial x}\, d\tau\right)$$

ist, folgt

$$\oint \mathfrak{P}_x (\mathfrak{i}\, d\,\mathfrak{o}) = \mathfrak{i}\left(\mathfrak{i} \int \frac{\partial \mathfrak{P}_x}{\partial x}\, d\tau\right) + \mathfrak{j}\left(\mathfrak{j} \int \frac{\partial \mathfrak{P}_x}{\partial x}\, d\tau\right)$$
$$+ \mathfrak{k}\left(\mathfrak{k} \int \frac{\partial \mathfrak{P}_x}{\partial x}\, d\tau\right) = \int \frac{\partial \mathfrak{P}_x}{\partial x}\, d\tau.$$

Durch diese Transformation geht die linke Seite der Gleichung (1) in ein Raumintegral über, und es muß infolgedessen sein:

$$(3) \qquad \varrho \frac{d^2 \mathfrak{r}}{d t^2} = \varrho\, \mathfrak{P} + \frac{\partial \mathfrak{P}_x}{\partial x} + \frac{\partial \mathfrak{P}_y}{\partial y} + \frac{\partial \mathfrak{P}_z}{\partial z}\,.$$

In Gleichung (2) können wir das Oberflächenintegral einer ebensolchen Transformation unterziehen. Es ist

$$\oint [\mathfrak{r}, \mathfrak{P}_n]\, d o = \oint ([\mathfrak{r}, \mathfrak{P}_x](\mathfrak{i}\, d\,\mathfrak{o}) + [\mathfrak{r}, \mathfrak{P}_y](\mathfrak{j}\, d\,\mathfrak{o})$$
$$+ [\mathfrak{r}, \mathfrak{P}_z](\mathfrak{k}\, d\,\mathfrak{o}))$$
$$= \int \left(\frac{\partial}{\partial x}[\mathfrak{r}, \mathfrak{P}_x] + \frac{\partial}{\partial y}[\mathfrak{r}, \mathfrak{P}_y] + \frac{\partial}{\partial z}[\mathfrak{r}, \mathfrak{P}_z]\right) d\tau$$
$$= \int \left(\left[\mathfrak{r}, \frac{\partial \mathfrak{P}_x}{\partial x}\right] + [\mathfrak{i}, \mathfrak{P}_x] + \cdots\right) d\tau.$$

Es folgt daher durch Substitution aus (2):

$$\left[\mathfrak{r}, \varrho\,\mathfrak{P} + \frac{\partial \mathfrak{P}_x}{\partial x} + \frac{\partial \mathfrak{P}_y}{\partial y} + \frac{\partial \mathfrak{P}_z}{\partial z} - \varrho\,\frac{d^2 \mathfrak{r}}{d t^2}\right]$$
$$= -[\mathfrak{i}\,\mathfrak{P}_x] - [\mathfrak{j}\,\mathfrak{P}_y] - [\mathfrak{k}\,\mathfrak{P}_z].$$

Nach Gleichung (3) verschwindet die linke Seite dieser Gleichung, also folgt, daß die Komponenten des rechtsstehenden Vektors Null sein müssen, d. h. für die Oberflächenkräfte gilt:

$$(4)\qquad \begin{cases} (\mathfrak{P}_x \mathfrak{j}) = (\mathfrak{P}_y \mathfrak{i}), \\ (\mathfrak{P}_y \mathfrak{k}) = (\mathfrak{P}_z \mathfrak{j}), \\ (\mathfrak{P}_z \mathfrak{i}) = (\mathfrak{P}_x \mathfrak{k}). \end{cases}$$

## § 39. Eulersche Gleichungen für reibungslose Flüssigkeiten

Bei der Betrachtung reibungsloser Flüssigkeiten nimmt man an, daß

$$(1)\qquad (\mathfrak{P}_x \mathfrak{j}) = (\mathfrak{P}_y \mathfrak{k}) = (\mathfrak{P}_z \mathfrak{i}) = 0$$

und die absoluten Beträge der Druckkräfte $\mathfrak{P}_x$, $\mathfrak{P}_y$, $\mathfrak{P}_z$ gleich sind. Dann kann man schreiben:

$$(2)\qquad \begin{cases} \mathfrak{P}_x = p\,\mathfrak{i}, \\ \mathfrak{P}_y = p\,\mathfrak{j}, \\ \mathfrak{P}_z = p\,\mathfrak{k}, \end{cases}$$

so daß Gleichung (3) des § 38 die Form annimmt:

$$(3)\qquad \varrho\,\frac{d^2 \mathfrak{r}}{d t^2} = \varrho\,\mathfrak{P} + \nabla p.$$

Die Eulersche Schreibweise dieser Fundamentalgleichung der Hydrodymanik erhalten wir, wenn wir die totale zeitliche Änderung der Geschwindigkeit eines Punktes mit dem Vektor $\mathfrak{r}$, also $\frac{d^2 \mathfrak{r}}{dt^2}$, oder $\frac{d\mathfrak{v}}{dt}$ durch die Summe der lokalen und der stationären Änderung ersetzen; es ist nach Gleichung (4) in § 22 und (4) in § 28

$$(4)\quad \frac{\partial \mathfrak{v}}{\partial t} + (\mathfrak{v}\,\nabla)\,\mathfrak{v} = \frac{\partial \mathfrak{v}}{\partial t} + \tfrac{1}{2}\,\nabla\,\mathfrak{v}^2 - [\mathfrak{v}\,\mathrm{rot}\,\mathfrak{v}] = \mathfrak{P} + \frac{1}{\varrho}\,\nabla p.$$

Hierzu kommt als weitere Fundamentalgleichung die Inkompressibilitätsbedingung, nach welcher die in ein Volumenelement einströmende Flüssigkeitsmasse Null sein muß. Die Flüssigkeitsmasse pro Zeiteinheit und Flächeneinheit ist gleich dem Produkt der Dichte mal der Geschwindigkeit. Soll die Dichte konstant sein, so ergibt sich

$$\text{div}\, \mathfrak{v} = 0. \tag{5}$$

## § 40. Sätze von Helmholtz über die Wirbelbewegung

Besitzt die Kraft $\mathfrak{P}$ ein Potential $V$, ist also

$$\mathfrak{P} = \nabla V,$$

so läßt die Gleichung (4) des § 39 sich einfacher schreiben, es ist

$$\frac{\partial \mathfrak{v}}{\partial t} + (\mathfrak{v} \nabla)\, \mathfrak{v} = \nabla \left(V + \frac{1}{\varrho} p\right). \tag{1}$$

Hieraus können wir sofort eine Gleichung ableiten, die eine allgemeine Eigenschaft der Bewegung von Flüssigkeiten darstellt, was für Kräften die Teilchen der Flüssigkeit auch unterworfen sein mögen, wenn dieselben nur ein Potential besitzen. (Nach den Vorstellungen, die man sich von den Reibungskräften macht, gehören diese nicht dazu.) Wir haben oben gezeigt, daß die Rotation eines Gradienten Null ist; daraus folgt in vorliegendem Fall:

$$\text{rot}\left(\frac{\partial \mathfrak{v}}{\partial t} + (\mathfrak{v} \nabla)\, \mathfrak{v}\right) = 0. \tag{2}$$

Nennen wir die Rotationsgeschwindigkeit

$$\frac{1}{2} \text{rot}\, \mathfrak{v} = \mathfrak{u},$$

so können wir die Gleichung schreiben:

$$2 \frac{\partial \mathfrak{u}}{\partial t} - \text{rot}\, [\mathfrak{v}\, \text{rot}\, \mathfrak{v}] = 0.$$

Benutzen wir die Gleichung (5) in § 30, so kommt:

$$\frac{\partial \mathfrak{u}}{\partial t} + (\mathfrak{v} \nabla)\, \mathfrak{u} - (\mathfrak{u} \nabla)\, \mathfrak{v} = 0,$$

oder nach Gleichung (4) in § 22:

$$(3) \qquad \frac{d\mathfrak{u}}{dt} = (\mathfrak{u} \nabla)\, \mathfrak{v}.$$

Diese Gleichung ist der Ausdruck der von Helmholtz zuerst erkannten Eigenschaft reibungsloser Flüssigkeiten:

„Diejenigen Wasserteilchen, welche nicht schon Rotationsbewegungen haben, bekommen auch im Verlaufe der Zeit keine Rotationsbewegungen."

Die Richtung des Vektors $\mathfrak{u}$ fällt nach der Definition in die Achse der Rotation, oder nach Helmholtz in die Richtung der Wirbellinie durch den betreffenden Punkt, indem er definiert: „Wirbellinien sind Linien, welche durch die Flüssigkeitsmasse so gezogen sind, daß ihre Richtung überall mit der Richtung der augenblicklichen Rotationsachse der in ihnen liegenden Wasserteilchen zusammentrifft."

Die Entfernung zweier in einer Wirbellinie zu Beginn des Zeitelementes $dt$ befindlicher, benachbarter Teilchen sei der Richtung und Größe nach durch $(\varepsilon \cdot \mathfrak{u})$ gegeben. Am Ende des Zeitelementes $dt$ ist die Entfernung:

$$(\varepsilon\, \mathfrak{u}) + \frac{d}{dt}(\varepsilon\, \mathfrak{u})\, dt,$$

oder mit Benutzung der Gleichung (3):

$$= (\varepsilon\, \mathfrak{u}) + (\varepsilon\, \mathfrak{u} \nabla)\, \mathfrak{v}\, dt = \varepsilon \left(\mathfrak{u} + \frac{d\mathfrak{u}}{dt} dt\right),$$

d. h. die Verbindungslinie der Teilchen fällt in die Richtung der Rotationsachse am Ende der Zeit $dt$, es bleiben also die Teilchen in ein und derselben Wirbellinie.

„Eine jede Wirbellinie bleibt fortdauernd aus denselben Wasserteilchen zusammengesetzt, während sie mit diesen Wasserteilchen in der Flüssigkeit fortschwimmt."

Wirbelfäden nennt Helmholtz Teile der Wassermasse, welche man dadurch aus ihr herausschneidet, daß man durch alle Punkte des Umfanges eines unendlich kleinen Flächenelementes die entsprechenden Wirbellinien konstruiert.

Man sieht sofort, daß das Produkt aus der Rotationsgeschwindigkeit und dem Querschnitt in der ganzen Länge desselben Wirbelfadens konstant ist. Denn wenn wir von einem Querschnitt eines Wirbelfadens zum benachbarten übergehen, so ist die Änderung des Integrals dieses Produktes über den Querschnitt nach Gleichung (5) in § 28

$$(\mathfrak{u}\nabla)\int \mathfrak{u}\cdot d\mathfrak{o} = 0.$$

Den Betrag des Vektors $\mathfrak{u}$ bezeichnet man als Wirbelstärke, das Produkt aus Wirbelstärke in den Querschnitt eines Wirbelfadens als das Moment des Wirbelfadens. Es folgt hieraus, daß Wirbelfäden und daher auch Wirbellinien stets geschlossen sein müssen.

Besitzt die Kraft $\mathfrak{P}$ kein Potential, so ist

$$(4)\quad \operatorname{rot}\left(\frac{\partial \mathfrak{v}}{\partial t} + (\mathfrak{v}\nabla)\,\mathfrak{v}\right) = 2\left(\frac{d\mathfrak{u}}{dt} - (\mathfrak{u}\nabla)\,\mathfrak{v}\right) = \operatorname{rot}\mathfrak{P}.$$

Umgekehrt folgt hieraus, daß, wenn die Bewegung der Teilchen so vor sich geht, daß ein Geschwindigkeitspotential besteht, d. h. daß

$$\operatorname{rot}\mathfrak{v} = 2\mathfrak{u} = 0,$$

die Bewegung unter dem Einfluß von Kräften erfolgen muß, die ein Potential besitzen, so daß Gleichung (1) gilt, oder

$$(5)\quad \frac{\partial \mathfrak{v}}{\partial t} + \tfrac{1}{2}\nabla \mathfrak{v}^2 = \nabla\left(V + \frac{1}{\varrho}p\right).$$

Setzen wir $\mathfrak{v} = \nabla a$, so folgt nach Integration:

$$(6)\quad \frac{\partial a}{\partial t} + \tfrac{1}{2}(\nabla a)^2 = V + \frac{1}{\varrho}p + \text{Funktion der Zeit.}$$

Die Inkompressibilitätsbedingung geht über in:

$$\nabla^2 a = 0.$$

## § 41. Solenoidaler Vektor

Im allgemeinen wird die Geschwindigkeit der Teilchen in einer inkompressiblen Flüssigkeit die beiden Differentialgleichungen erfüllen:

$$\text{(1)} \qquad \operatorname{div} \mathfrak{v} = 0,$$

$$\text{(2)} \qquad \operatorname{rot} \mathfrak{v} = 4\pi\, \mathfrak{u}_0.$$

Der Geschwindigkeitsvektor der Flüssigkeitsteilchen ist also nach § 32 ein solenoidaler Vektor eines quellenfreien Gebietes. Seine Verteilung ist durch Gleichung (1) und (2) bestimmt.

Da $\operatorname{div} \mathfrak{v} = 0$ ist, so können wir nach § 30 $\mathfrak{v}$ als die Rotation eines anderen Vektors darstellen, wir setzen:

$$\text{(3)} \qquad \mathfrak{v} = \operatorname{rot} \mathfrak{w}.$$

Dann geht (2) über in:

$$\text{(4)} \qquad \operatorname{rot} \operatorname{rot} \mathfrak{w} \equiv \operatorname{grad} \operatorname{div} \mathfrak{w} - \nabla^2 \mathfrak{w} = 4\pi\, \mathfrak{u}_0.$$

Die allgemeinste Form eines Vektors ist die Summe der Rotation eines anderen Vektors und des Gradienten einer skalaren Größe. Wir können also schreiben:

$$\mathfrak{w} = \operatorname{rot} \mathfrak{w}' + \operatorname{grad} w''.$$

Die Gleichung (3) bestimmt nun von dem Vektor $\mathfrak{w}$ nur den ersten Teil, während $\operatorname{grad} w''$ willkürlich gewählt werden kann, denn

$$\mathfrak{v} = \operatorname{rot} \mathfrak{w} = \operatorname{rot} \operatorname{rot} \mathfrak{w}',$$

da $$\operatorname{rot} \operatorname{grad} w'' = 0.$$

Der Vektor $\mathfrak{v}$ läßt sich also jedenfalls durch einen Vektor darstellen, der wieder durch die Rotation eines neuen Vektors darstellbar ist, d. h. durch einen Vektor, dessen Divergenz Null ist. Wir dürfen daher $\mathfrak{w}$ in Gleichung (3) der Nebenbedingung unterwerfen:

$$\text{(5)} \qquad \operatorname{div} \mathfrak{w} = 0.$$

Dann folgt aus (4):

$$\text{(6)} \qquad \nabla^2 \mathfrak{w} = -4\pi\, \mathfrak{u}_0.$$

Diese Gleichung ist drei analytischen Gleichungen zwischen den drei Komponenten äquivalent, und die Form dieser Gleichungen ist dieselbe, die wir in § 34 kennengelernt haben. Übertragen wir die obigen Resultate auf den vorliegenden Fall, so können wir schreiben:

$$\mathfrak{w} = \int \frac{\mathfrak{u}_0}{r} d\tau, \tag{7}$$

wenn wir von $\mathfrak{w}$ Stetigkeit im ganzen Raum voraussetzen und annehmen, daß es im Unendlichen wie $\frac{1}{r}$ verschwindet, wodurch festgesetzt wird, daß $\mathfrak{v}$ wie $\frac{1}{r^2}$ im Unendlichen verschwindet. Man bezeichnet in Analogie zu dem skalaren Potential $\mathfrak{w}$ als das Vektorpotential der Vektorverteilung $\mathfrak{u}_0$.

Daß diese Lösung der Bedingung (5) genügt, ist durch direkte Berechnung von

$$\operatorname{div} \int \frac{\mathfrak{u}_0}{r} d\tau$$

leicht zu zeigen. Da die Rechnung indessen etwas weitläufig ist, so benutzen wir zu der Verifikation von Gleichung (5) einen anderen, bequemeren Weg.

Wir bilden von Gleichung (6) die Divergenz, also

$$\operatorname{div} \nabla^2 \mathfrak{w} = \operatorname{div} \operatorname{grad} \operatorname{div} \mathfrak{w} = \nabla^2 \operatorname{div} \mathfrak{w} = -\operatorname{div} 4\pi \mathfrak{u}_0.$$

Nun folgt aus Gleichung (2), daß

$$\operatorname{div} 4\pi \mathfrak{u}_0 = 0,$$

also

$$\nabla^2 \operatorname{div} \mathfrak{w} = 0.$$

Das ist nichts anderes als die Laplacesche Gleichung für $\operatorname{div} \mathfrak{w}$. Da nun $\mathfrak{w}$ wie $\frac{1}{r}$ im Unendlichen verschwinden soll, also $\operatorname{div} \mathfrak{w}$ wie $\frac{1}{r^2}$, so muß nach § 34 $\operatorname{div} \mathfrak{w} = 0$ sein, was wir beweisen wollten.

Es läßt sich somit der Geschwindigkeitsvektor $\mathfrak{v}$ schreiben:

$$(8)\qquad \begin{cases} \mathfrak{v} = \operatorname{rot} \int \frac{\mathfrak{u}_0}{r}\, d\tau \\ \quad = \operatorname{rot} \int \frac{\operatorname{rot} \mathfrak{v}}{4\pi r}\, d\tau, \end{cases}$$

hierin bezieht sich die Differentiation unter dem Integralzeichen auf die Änderung von $\mathfrak{v}$ an der Stelle des Elementes $d\tau$ in der Entfernung $r$ von dem Punkt, für welchen $\mathfrak{v}$ bestimmt wird, und dessen Koordinaten die Differentiationsvariablen des Integrals sind.

## § 42. Flächenwirbel

Unterwerfen wir das Vektorpotential $\mathfrak{w}$ einer allgemeineren Bedingung, nämlich der, daß beim Durchschreiten von gewissen Flächen die ersten Ableitungen von $\mathfrak{w}$ in Richtung der Flächennormale Unstetigkeiten besitzen können, so daß

$$((\mathfrak{n}\nabla)\mathfrak{w})_1 + ((\mathfrak{n}\nabla)\mathfrak{w})_2 = 4\pi\,\mathfrak{x}$$

ist, so muß nach § 34 die Lösung der Gleichung (6) des vorigen Paragraphen lauten:

$$\mathfrak{w} = \int \frac{\mathfrak{u}_0}{r}\, d\tau - \int \frac{\mathfrak{x}}{r}\, df.$$

Für $\mathfrak{v}$ ergibt sich daraus folgende Eigenschaft. Wir bilden das Vektorprodukt des Wertes, den der Vektor $\mathfrak{v}$ an einer Stelle des Raumes in unmittelbarer Nähe der Unstetigkeitsfläche annimmt, in die Normale der Unstetigkeitsfläche an dieser Stelle:

$$[\mathfrak{n}, \mathfrak{v}] = [\mathfrak{n}, \operatorname{rot} \mathfrak{w}] = \operatorname{grad}(\mathfrak{n}\,\mathfrak{w})_{\mathfrak{n}} - (\mathfrak{n}\nabla)\,\mathfrak{w}.$$

Daraus folgt:

$$4\pi\,\mathfrak{x} = (\operatorname{grad}(\mathfrak{n}\,\mathfrak{w})_{\mathfrak{n}})_1 + (\operatorname{grad}(\mathfrak{n}\,\mathfrak{w})_{\mathfrak{n}})_2 - [\mathfrak{n}\,\mathfrak{v}]_1 - [\mathfrak{n}\,\mathfrak{v}]_2.$$

Nun ist

$$\operatorname{grad}(\mathfrak{n}\,\mathfrak{w})_{\mathfrak{n}} = \mathfrak{n} \operatorname{div} \mathfrak{w},$$

und div $\mathfrak{w}$ auf beiden Seiten der Unstetigkeitsfläche Null, so daß

$$(\text{grad}\,(\bar{\mathfrak{n}}\,\mathfrak{w})_{\mathfrak{n}})_1 + (\text{grad}\,(\bar{\mathfrak{n}}\,\mathfrak{w})_{\mathfrak{n}})_2 = 0$$

ist. Es bleibt also:

$$[\bar{\mathfrak{n}}\,\mathfrak{v}]_1 + [\bar{\mathfrak{n}}\,\mathfrak{v}]_2 = -4\pi\mathfrak{r}.$$

Die tangentiale Komponente von $\mathfrak{v}$ erleidet beim Durchtritt durch die Fläche eine Unstetigkeit. Die normale Komponente bleibt davon unberührt. Das ergibt sich auch aus der Bedingung, daß div $\mathfrak{v}$ im ganzen Raum Null sein soll; denn die Annahme einer Unstetigkeit der normalen Komponente an einer Fläche würde nach § 37 die Bedeutung haben, daß die Fläche eine Flächenergiebigkeit besitzt.

Zur weiteren Untersuchung der Unstetigkeit umgeben wir die Unstetigkeitsfläche mit einer sich zu beiden Seiten der Unstetigkeitsfläche möglichst eng anschließenden, geschlossenen Fläche und bilden längs einer geschlossenen Linie auf derselben das Integral

$$\oint \mathfrak{v} \cdot d\mathfrak{s}.$$

Der Integrationsweg soll so zu beiden Seiten der Unstetigkeitsfläche verlaufen, daß jedem Linienelement auf der einen Seite ein in entgegengesetzter Richtung zu durchlaufendes, unendlich benachbartes auf der anderen entspricht. Das Integral gibt uns die Wirbelstärke durch die von dem Integrationsweg eingeschlossene Fläche, die zu einem um so schmäleren Streifen zusammenschwindet, je enger die Umschließungslinie an die Unstetigkeitsfläche sich anlegt. Das Integral können wir nun in eine Summe von Integralen zerlegen, indem wir den Integrationsweg in eine Reihe geschlossener Wege teilen (Fig. 19). Da die Normalkomponente von $\mathfrak{v}$ beim Durchtritt durch die Fläche stetig bleibt, so können wir nämlich den Integrationsweg an jeder beliebigen Stelle der Fläche normal durch die Fläche hindurchlegen, wenn wir dieses hinzukommende Wegstück auch rückwärts durchlaufen. Wir zerlegen demgemäß die den Integrationsweg bildende Umrandung des schmalen Streifens in die Umrandungen beliebig vieler, aneinanderstoßender, schmaler Streifen, deren Gesamtflächeninhalt und Lage mit dem ursprünglichen identisch ist. Ein solches Streifenelement $\mathfrak{a}$ greifen

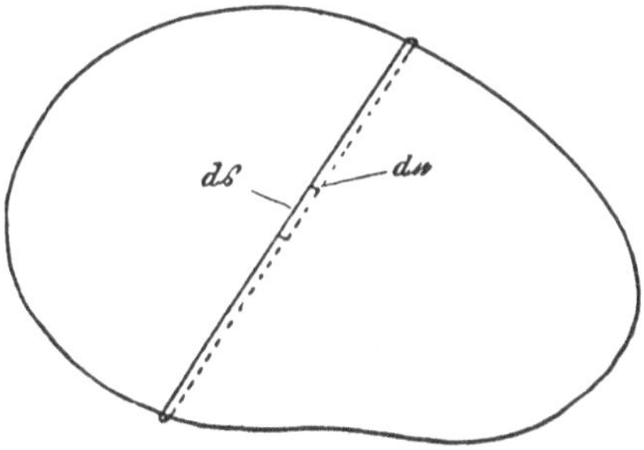


Fig. 19

wir heraus, es mag die Länge $d\mathfrak{s}$ und die gegen $d\mathfrak{s}$ sehr kleine Breite $d\mathfrak{n}$ haben. Dann geht das Integral der Umrandung dieses Streifens über in:

$$(\mathfrak{v}_1 - \mathfrak{v}_2)\, d\mathfrak{s} = \operatorname{rot}\mathfrak{v}\,[d\mathfrak{s} \cdot d\mathfrak{n}],$$

oder bezogen auf die Längeneinheit von $d\mathfrak{s}$ in:

$$(\mathfrak{v}_1 - \mathfrak{v}_2) \cdot \overline{d\mathfrak{s}} = \operatorname{rot}\mathfrak{v}\,[\overline{d\mathfrak{s}}\, d\mathfrak{n}].$$

Auf der linken Seite steht die Differenz der Tangentialkomponenten von $\mathfrak{v}$ in der Richtung $\overline{d\mathfrak{s}}$ zu beiden Seiten der Unstetigkeitsfläche, welche nach unserer obigen Annahme einen endlichen Wert haben soll; also ist auch der auf der rechten Seite stehende Ausdruck von endlichem Wert. Derselbe ist gleich der Wirbelkomponente durch die unendlich kleine Fläche $[\overline{d\mathfrak{s}}\, d\mathfrak{n}]$ in der Normalenrichtung dieser kleinen Fläche. Es fließt also in der Unstetigkeitsfläche ein Wirbel von unendlich großer Stärke, so daß das

Produkt aus dem Querschnitt der Fläche in die Wirbelstärke aber von endlichem Betrage ist, d. h. von der Größenordnung einer Raumwirbelstärke. Man nennt solche in der Fläche verlaufende Wirbel Flächenwirbel und schreibt $\mathfrak{Rot}\, \mathfrak{v}$ statt $\mathrm{rot}\, \mathfrak{v}$.

Kapitel 3

# Einiges aus der Theorie der Elektrizität

## § 43. Berechnung eines beliebigen Vektorfeldes

In § 36 wurde aus der Angabe der Quellen das wirbelfreie Vektorfeld berechnet, in § 41 aus der Angabe der Wirbel das quellenfreie Gebiet. Da wir, wie in § 32 gezeigt ist, jedes Vektorfeld in ein wirbelfreies und in ein quellenfreies zerlegen können, so steht der Berechnung eines beliebigen Vektorfeldes, dessen Quellen und Wirbel angegeben sind, und welches die oben geforderten Bedingungen erfüllt, nichts im Wege, und wir können die Lösung, d. h. den Wert des Vektors in einem beliebigen Punkt sofort hinschreiben. Der Vektor besteht aus der Summe des Gradienten eines skalaren Potentials $V$ und der Rotation eines Vektorpotentials $\mathfrak{w}$:

(1) $$\mathfrak{W} = \mathrm{grad}\, V + \mathrm{rot}\, \mathfrak{w};$$

$V$ und $\mathfrak{w}$ sind durch die Ausdrücke in § 36 und 41 gegeben. Für den ersten Teil hat man, von Unstetigkeiten des Vektors und seiner Ableitungen absehend, die Bezeichnung New $\varrho$ eingeführt. Für den zweiten Teil benutzt man eine ähnliche Schreibweise. Der Vektor $\mathfrak{w}$ ist das Potential der Vektorverteilung $\mathfrak{u}_0$; analog der Bezeichnungsweise

(2) $$V = \mathrm{Pot}\, \varrho$$

setzt man daher

(3) $$\mathfrak{w} = \mathrm{Pot}\, \mathfrak{u}_0,$$

so daß Gleichung (1) die Form annimmt:

(4) $$\mathfrak{W} = \nabla \operatorname{Pot} \varrho + [\nabla \operatorname{Pot} \mathfrak{u}_0],$$

statt dessen schreibt man auch:

$$\operatorname{New} \varrho + \operatorname{Lap} \mathfrak{u}_0.$$

Die zweite Abkürzung ist in Erinnerung an den Namen Laplace eingeführt. Es ist neben der vektoriellen Verbindung des Hamiltonschen Operators mit einem Vektorpotential noch eine zweite, die skalare Verbindung von Wichtigkeit; auch für diese hat man eine bequemere Bezeichnung gefunden und schreibt Maxwell zu Ehren:

$$\nabla \operatorname{Pot} \mathfrak{u}_0 = \operatorname{Max} \mathfrak{u}_0.$$

## § 44. Elektromagnetische Gleichungen von Maxwell-Lorentz

Die wichtigste Anwendung in der mathematischen Physik hat die Vektorentheorie seit Maxwell bei der Darstellung der elektrischen und magnetischen Erscheinungen gefunden. Die Maxwellsche Beschreibung dieser Erscheinungen verwendet die folgenden Vektoren.

$\mathfrak{E}$ resp. $\mathfrak{H}$ die elektrische, resp. magnetische Feldstärke, welche der Größe und Richtung nach die Kraft eines elektrischen, resp. magnetischen Feldes auf die Elektrizitätsmenge $e$, resp. den magnetischen Pol $m$, an dem betreffenden Punkt bestimmt, nachdem wir die Kraft durch Division mit $e$ resp. $m$ auf die Einheitsladung reduziert haben ($e$ resp. $m$ als klein und von unendlich kleiner materieller Ausdehnung vorausgesetzt). Die Einheitsladung ist dadurch festgesetzt, daß die Größe der abstoßenden Kraft zweier in der Entfernung $r$ befindlicher Körper mit den Ladungen $e$ und $e'$, resp. $m$ und $m'$

$$\frac{e e'}{4 \pi r^2}, \quad \text{resp.} \quad \frac{m m'}{4 \pi r^2}$$

beträgt.

$\mathfrak{D}$ die elektrische Erregung oder die dielektrische Verschiebung. Dieser Vektor wird so gewählt, daß der Vektorfluß durch das Flächenelement $d\mathfrak{o}$, also $\mathfrak{D}\, d\mathfrak{o}$ gleich ist der Elektrizitätsmenge, welche das Element seit der Zeit durchflossen hat, zu welcher die Materie keinen elektrischen und magnetischen Einflüssen ausgesetzt war. In der Elektrostatik ist also

$$\oint \mathfrak{D}\, d\mathfrak{o} = \sum e,$$

die gesamte elektrische Erregung durch eine geschlossene Fläche gleich den gesamten von der Fläche umschlossenen elektrischen wahren Ladungen.

Für isotrope Körper mit der Dielektrizitätskonstante $\varepsilon$ besteht zwischen $\mathfrak{D}$ und $\mathfrak{E}$ die Beziehung

$$\mathfrak{D} = \varepsilon\, \mathfrak{E}.$$

Die Änderung von $\mathfrak{D}$ mit der Zeit an einem bestimmten Punkt des Raumes konstituiert einen elektrischen Strom, den Maxwell Verschiebungsstrom nennt. Im Inneren der leitenden Materie besteht außer diesem Verschiebungsstrom ein Konvektionsstrom elektrisch geladener Teilchen, dessen Geschwindigkeit durch den Vektor $\mathfrak{v}$ gegeben sein mag, und der mit dem „elektrischen Strom" durch den Einheitsquerschnitt zusammenfällt. Der Gesamtstrom durch den Einheitsquerschnitt ist danach, wenn $\varrho$ die Dichte der Elektrizität,

$$\mathfrak{J} = \frac{\partial \mathfrak{D}}{\partial t} + \varrho\, \mathfrak{v}.$$

Diesen Vektor $\mathfrak{J}$ nimmt die Theorie als stets solenoidal verteilt an, so daß er als Rotation eines anderen Vektors sich schreiben lassen muß.

$\mathfrak{B}$ die magnetische Induktion oder Kraftflußdichte. Von diesem Vektor erhalten wir eine Anschauung, wenn wir an die durch das Faradaysche Induktionsgesetz angegebene Erfahrung erinnern. Es wird in einem geschlossenen Stromkreis ein elektrischer Strom induziert, wenn an der Stelle ein magnetisches Feld erregt oder verändert wird. Die Elektrizitätsmenge, die durch den Querschnitt des Stromleiters bei der Erregung eines magnetischen Feldes hindurchtritt, ist proportional der von dem Leiter umschlossenen Fläche, umgekehrt proportional dem elektrischen Leitungswiderstand in demselben und proportional der magnetischen Kraftflußdichte durch die Fläche, die wesentlich von dem Medium, in dem die Erregung stattfindet, abhängig ist. Im einfachsten Fall, dem Vakuum und dem isotropen, nicht ferromagnetischen Medium, ist die Induktion der dort vorhandenen Feldstärke $\mathfrak{H}$ proportional; der konstante Proportionalitätsfaktor ist die Permeabilität $\mu$ des Mediums, so daß

$$\mathfrak{B} = \mu\, \mathfrak{H}.$$

Diese Vektoren $\mathfrak{E}$, $\mathfrak{H}$, $\mathfrak{D}$, $\mathfrak{J}$, $\mathfrak{B}$, stehen miteinander durch die folgenden Grundgleichungen in Beziehung:

$$\text{(1)} \qquad \operatorname{rot} \mathfrak{H} = \mathfrak{J} = \left(\frac{\partial \mathfrak{D}}{\partial t} + \varrho\, \mathfrak{v}\right),$$

$$\text{(2)} \qquad \operatorname{rot} \mathfrak{E} = -\frac{\partial \mathfrak{B}}{\partial t},$$

wenn wir geeignete Einheiten der Vektoren wählen.

Außerdem gilt:

$$\operatorname{div} \mathfrak{B} = 0,$$

$$\operatorname{div} \mathfrak{D} = \varrho,$$

wenn $\varrho$ die Dichte der Elektrizität an der betreffenden Stelle bedeutet. Aus der Allgemeingültigkeit der Gleichung (1) folgt:

$$\operatorname{div} \mathfrak{J} = \frac{\partial}{\partial t}\varrho + \operatorname{div}(\varrho\, \mathfrak{v}) = 0,$$

welches aussagt, daß die Ladung jedes Massenelementes während der Bewegung unverändert bleiben soll. (Kontinuitätsgleichung der Elektrizität.)

## § 45. Biot-Savartsches Gesetz

Haben wir es mit einem stationären Strom $i$ in einem Draht vom Querschnitt $q$ zu tun, so geht der Gesamtstrom $\mathfrak{J}$ in den Konvektionsstrom $\varrho\mathfrak{v} = \frac{i}{q}\,\bar{\mathfrak{s}}$ über, wenn $\bar{\mathfrak{s}}$ die Richtung des Stromes (bzw. des Leiters) ist. Die magnetische Wirkung, die von demselben ausgeht, ist gegeben durch:

$$\operatorname{rot}\mathfrak{H} = \mathfrak{J} = \varrho\mathfrak{v} = \frac{i}{q}\,\bar{\mathfrak{s}}; \quad \operatorname{div}\mathfrak{H} = 0.$$

In diesem einfachen Fall können wir den Wert von $\mathfrak{H}$ berechnen. In § 41 haben wir die Lösung des Gleichungssystems formal abgeleitet, und um die dortige Gleichung (8) auf den hier vorliegenden Fall anwenden zu können, brauchen wir nur, wie der Vergleich der dortigen Gleichung (2) mit der hier behandelten zeigt,

$$\mathfrak{v} = \mathfrak{H} \text{ und } 4\pi\,\mathfrak{u}_0 = \frac{i}{q}\,\bar{\mathfrak{s}}$$

sowie $\qquad d\tau = q\,ds$

zu setzen. Es folgt so

$$4\pi\,\mathfrak{H} = \operatorname{rot}\oint \frac{i}{r}\,d\mathfrak{s}.$$

Die rechte Seite läßt sich umformen in

$$-\oint\left[\frac{\mathfrak{r}}{r^3}\,i\,d\mathfrak{s}\right] = -i\oint\left[\frac{\mathfrak{r}}{r^3}\,d\mathfrak{s}\right].$$

Das ist der Ausdruck des Biot-Savartschen Gesetzes, das aussagt: man kann den Vektor $\mathfrak{H}$ als eine Summe von Elementen $[d\mathfrak{s}, \mathfrak{r}]\,\frac{i}{r^3}$ auffassen. Jedes Stromelement $i\,d\mathfrak{s}$ ruft in der Entfernung $r$ eine magnetische Kraft hervor, welche proportional dem Sinus des Winkels zwischen Stromelement und Verbindungslinie, umgekehrt proportional dem Quadrat der Entfernung ist und auf der Ebene der Verbindungslinie und des Stromelementes senkrecht steht. Die Vektoren $d\mathfrak{s}$, $\mathfrak{r}$, $[d\mathfrak{s}, \mathfrak{r}]\,\frac{i}{r^3} = 4\pi\,d\mathfrak{H}$ folgen aufeinander, wie es die Amperesche Schwimmerregel verlangt.

III. Teil

# Lineare Vektorfunktionen. Dyaden. Tensoren

## § 46. Lineare Vektorfunktionen

Wenn die Komponenten eines Vektors $\mathfrak{a} = a_1 \mathfrak{i} + a_2 \mathfrak{j} + a_3 \mathfrak{k}$ homogene lineare Funktionen der Komponenten eines anderen $\mathfrak{b} = b_1 \mathfrak{i} + b_2 \mathfrak{j} + b_3 \mathfrak{k}$ sind, so sagt man, daß $\mathfrak{a}$ eine **lineare homogene Vektorfunktion** von $\mathfrak{b}$ ist. Dann bestehen die drei skalaren Gleichungen:

$$(1) \qquad \begin{cases} a_1 = b_1 \lambda_1 + b_2 \mu_1 + b_3 \nu_1, \\ a_2 = b_1 \lambda_2 + b_2 \mu_2 + b_3 \nu_2, \\ a_3 = b_1 \lambda_3 + b_2 \mu_3 + b_3 \nu_3, \end{cases}$$

und man schreibt:

$$\mathfrak{a} = f(\mathfrak{b}).$$

Darin sind im allgemeinen die $\lambda$, $\mu$, $\nu$ neun voneinander unabhängige konstante Koeffizienten. Eine solche lineare Vektorfunktion trat uns in den Transformationsgleichungen (7) des § 15 und in dem totalen Differentialquotienten eines Vektors nach einer bestimmten Richtung in § 22 entgegen.

Im letzteren Fall setzten wir

$$W_x = a_x \frac{\partial V_x}{\partial x} + a_y \frac{\partial V_x}{\partial y} + a_z \frac{\partial V_x}{\partial z}$$

und entsprechend $W_y$ und $W_z$ als Komponenten der linearen homogenen Vektorfunktion

$$\mathfrak{W} = d_{\bar{\mathfrak{a}}} \mathfrak{V} = \bar{\mathfrak{a}} \operatorname{Grad} \mathfrak{V}$$

von $\bar{\mathfrak{a}} = a_x \mathfrak{i} + a_y \mathfrak{j} + a_z \mathfrak{k}$, die wir in dem speziellen Fall der Abhängigkeit $\mathfrak{W}$ von $\mathfrak{V}$ den Vektorgradienten von $\mathfrak{V}$ in der Richtung $\bar{\mathfrak{a}}$ nannten.

Bestehen zwischen den neun Koeffizienten die Beziehungen:

$$(2) \qquad \mu_1 = \lambda_2, \quad \nu_1 = \lambda_3, \quad \nu_2 = \mu_3,$$

die die neun auf sechs unabhängige Koeffizienten reduzieren, dann nennt man die Vektorfunktion **symmetrisch.** Eine solche Funktion haben wir in dem Impulsmoment $\mathfrak{U}$ als Funktion der Winkelgeschwindigkeit $\mathfrak{u}$ in Gleichung (2) des § 29 kennengelernt.

Sind die neun Koeffizienten den Gleichungen unterworfen:

$$(3) \quad \lambda_1 = \mu_2 = \nu_3 = 0, \quad \mu_1 = -\lambda_2, \quad \nu_1 = -\lambda_3, \quad \nu_2 = -\mu_3,$$

so spricht man von einer **antisymmetrischen** (oder antimetrischen) linearen Vektorfunktion.

Im folgenden wollen wir auf einige einfache Gesetzmäßigkeiten, die sich in bezug auf die linearen Vektorfunktionen ergeben haben, mit Benutzung der Vektorrechnung etwas näher eingehen, da sie, speziell die symmetrischen, eine bedeutende Rolle in der Physik spielen. Die Funktionen haben besonders ausgiebig in der Mechanik starrer und deformierbarer Medien und in der Elektrizitätslehre Verwendung gefunden.

Das wesentliche einer linearen Vektorfunktion ist, wie aus dem System (1) hervorgeht, daß, wenn

$$\mathfrak{a}_1 = f(\mathfrak{b}_1) \text{ und } \mathfrak{a}_2 = f(\mathfrak{b}_2)$$

ist, die Beziehung gilt:

$$\mathfrak{a}_1 + \mathfrak{a}_2 = f(\mathfrak{b}_1) + f(\mathfrak{b}_2) = f(\mathfrak{b}_1 + \mathfrak{b}_2)$$

und wenn $c$ eine skalare Größe ist,

$$c\,\mathfrak{a} = f(c\,\mathfrak{b}).$$

Wir sagen daher:

Eine kontinuierliche Funktion eines Vektors ist eine lineare Vektorfunktion, wenn die Funktion der Summe zweier Vektoren gleich der Summe der Funktionen dieser Vektoren ist.

Als Bezeichnung einer linearen Vektorfunktion eines Vektors wird vor diesen Vektor ein großer griechischer Buchstabe geschrieben. Das Gleichungssystem (1) lautet dann:

$$(4) \qquad \mathfrak{a} = \Phi \cdot \mathfrak{b},$$

$\Phi$ ist definiert durch die neun Koeffizienten $\lambda$, $\mu$, $\nu$. In nicht mißverständlicher Weise kann man schreiben:

$$(5) \qquad \begin{aligned} \Phi = \lambda_1,\ \mu_1,\ \nu_1, \\ \lambda_2,\ \mu_2,\ \nu_2, \\ \lambda_3,\ \mu_3,\ \nu_3. \end{aligned}$$

und es gilt:

$$(6) \qquad \Phi \cdot \mathfrak{b} + \Phi \cdot \mathfrak{c} = \Phi(\mathfrak{b} + \mathfrak{c}).$$

Das Symbol oder der Operator $\Phi$ wird **Affinor** genannt, und Gleichung (4) sagt dann aus: Das Produkt eines Affinors mit einem Vektor ergibt wieder einen Vektor; oder der Affinor $\Phi$ führt den Vektor $\mathfrak{b}$ in den Vektor $\mathfrak{a}$ über, oder ordnet dem Vektor $\mathfrak{b}$ den Vektor $\mathfrak{a}$ oder die lineare Vektorfunktion $\mathfrak{a}$ zu.

Die Bezeichnung „Affinor" soll daran erinnern, daß die Gleichung (4) oder das System (1) eine affine Raumtransformation (Raumabbildung) bestimmt, durch die die Koordinaten $b_1$, $b_2$, $b_3$ in die Koordinaten $a_1$, $a_2$, $a_3$ übergeführt werden (vgl. § 15).

Es sei hier noch eine andere Form dieser Zuordnung, die zur gleichen Raumabbildung führt, angegeben, nämlich das Gleichungssystem:

$$(1') \qquad \begin{cases} \mathfrak{a} = b_1\mathfrak{l} + b_2\mathfrak{m} + b_3\mathfrak{n}, \\ \mathfrak{b} = b_1\mathfrak{i} + b_2\mathfrak{j} + b_3\mathfrak{k}. \end{cases}$$

Hier werden 2 Vektoren, die auf 2 verschiedene Tripel von je 3 nichtkomplanaren Vektoren, $\mathfrak{i}$, $\mathfrak{j}$, $\mathfrak{k}$ und $\mathfrak{l}$, $\mathfrak{m}$, $\mathfrak{n}$ mittels der gleichen Koeffizienten bezogen werden, einander zugeordnet. Gibt man den Vektor $\mathfrak{a}$ im $\mathfrak{i}$, $\mathfrak{j}$, $\mathfrak{k}$-System durch

$$\mathfrak{a} = a_1\mathfrak{i} + a_2\mathfrak{j} + a_3\mathfrak{k}$$

an und bestehen zwischen den Systemen $\mathfrak{i}$, $\mathfrak{j}$, $\mathfrak{k}$ und $\mathfrak{l}$, $\mathfrak{m}$, $\mathfrak{n}$ die Transformationsgleichungen

$$\begin{aligned} \mathfrak{l} &= \alpha_1 \mathfrak{i} + \alpha_2 \mathfrak{j} + \alpha_3 \mathfrak{k} \\ \mathfrak{m} &= \beta_1 \mathfrak{i} + \beta_2 \mathfrak{j} + \beta_3 \mathfrak{k} \\ \mathfrak{n} &= \gamma_1 \mathfrak{i} + \gamma_2 \mathfrak{j} + \gamma_3 \mathfrak{k} \end{aligned}$$

so gelten zwischen den Komponenten der Vektoren $\mathfrak{a}$ und $\mathfrak{b}$ nach § 15 die Beziehungen

$$\begin{aligned} a_1 &= \alpha_1 b_1 + \beta_1 b_2 + \gamma_1 b_3 \\ a_2 &= \alpha_2 b_1 + \beta_2 b_2 + \gamma_2 b_3 \\ a_3 &= \alpha_3 b_1 + \beta_3 b_2 + \gamma_3 b_3 , \end{aligned}$$

die in die Gleichungen (1) übergehen, wenn die $\alpha$, $\beta$, $\gamma$ durch die $\lambda$, $\mu$, $\nu$ ersetzt werden.

Die $\lambda$, $\mu$, $\nu$ können wir als die Komponenten von drei Vektoren in den drei Richtungen $\mathfrak{i}$, $\mathfrak{j}$, $\mathfrak{k}$ auffassen. Diese drei Vektoren von der Form:

$$\mathfrak{K}_1 = \lambda_1 \mathfrak{i} + \mu_1 \mathfrak{j} + \nu_1 \mathfrak{k}$$

nennt man die Koordinatenvektoren des Affinors $\Phi$.

Mit dem Index $c$ wollen wir die Symbole der linearen Vektorfunktionen versehen, wenn dieselben durch Vertauschen der Horizontal- und Vertikalreihen aus dem indexfreien Symbol entstanden sind. Man nennt sie konjugiert zu den ursprünglichen. Der zu dem Affinor $\Phi$ [Gleichung (5)] konjugierte lautet also:

(7)
$$\begin{aligned} \Phi_c = \lambda_1, \quad & \lambda_2, \quad \lambda_3, \\ \mu_1, \quad & \mu_2, \quad \mu_3, \\ \nu_1, \quad & \nu_2, \quad \nu_3 . \end{aligned}$$

Ist $\Phi = \Phi_c$, so ist $\Phi$ das Symbol einer symmetrischen linearen Vektorfunktion; dieses Symbol heißt **Tensor.** Ist $\Phi = -\Phi_c$, so ist $\Phi$ das Symbol einer antisymmetrischen Vektorfunktion.

Durch den Namen „Tensor" wird daran erinnert, daß, wie die Elastizitätstheorie lehrt, bei einer unendlich kleinen allgemeinen Deformation die Streckung in einer bestimmten Richtung eine symmetrische lineare Vektorfunktion dieser Richtung ist (vgl. § 53). Das Ensemble der drei Gleichungen (1) bezeichnet man daher als Tensortripel, die Koeffizienten $\lambda_1$, $\lambda_2 \ldots$ als Tensorkomponenten.

Das Symbol reduziert sich auf einen skalaren Faktor, mit dem der Vektor $\mathfrak{b}$ zu multiplizieren ist, wenn alle Koeffizienten einander gleich werden. Insofern kann man die mit dem Symbol $\Phi$ ausgeführte Operation als Erweiterung einer Multiplikation eines Vektors mit einer skalaren Größe ansehen.

Aus der Definition folgt unmittelbar, daß die Summe zweier Operatoren $\Phi$ und $\Psi$ wieder ein solcher Operator ist, und daß er unabhängig ist von der Reihenfolge der Summanden:

$$\Phi + \Psi = X = \Psi + \Phi .$$

Es sind die Koeffizienten der resultierenden Funktion gleich den Summen der entsprechenden Koeffizienten der einzelnen Funktionen.

Hieraus folgt, daß jede lineare Vektorfunktion als Summe einer symmetrischen und einer antisymmetrischen Funktion betrachtet werden kann; es ist:

$$(8) \qquad \Phi = \tfrac{1}{2}(\Phi + \Phi_c) + \tfrac{1}{2}(\Phi - \Phi_c) .$$

Den symmetrischen Teil $\frac{1}{2}(\Phi + \Phi_c)$ bezeichnet man auch als den Tensor des Affinors $\Phi$ oder als symmetrische Dyade erster Art und schreibt abkürzend $ts\,\Phi$ oder $[\Phi]$ oder $\Phi_S$; den antisymmetrischen Teil $\frac{1}{2}(\Phi - \Phi_c)$ nennt man Axiator des Affinors und schreibt $ax\,\Phi$ oder $\Phi_A$. Somit ist:

$$\Phi = ts\,\Phi + ax\,\Phi = \Phi_S + \Phi_A .$$

Fassen wir die Gleichungen (1) wieder als Gleichungen einer Koordinatentransformation auf, durch die die rechtwinkligen Koordinaten $b_1, b_2, b_3$ in die rechtwinkligen Koordinaten $a_1, a_2, a_3$ übergeführt werden, so sagt die Gleichung (8) aus, daß die Transformation (1) aus zweien zusammengesetzt gedacht werden kann, von denen die eine, die dem Symbol $\frac{1}{2}(\Phi + \Phi_c)$ entspricht, die Achsenrichtungen unverändert läßt und Dehnungen definiert, und von denen die andere ($\frac{1}{2}(\Phi - \Phi_c)$) einer Drehung des Achsenkreuzes entspricht. Ausführlich wird diese Trennung besprochen in § 53, 54.

## § 47. Die Dyade

In dem Beispiel: Gleichungen (1) des vorigen Paragraphen sind die Komponenten $a_1, a_2, a_3, b_1, b_2, b_3$ die Komponenten der Vektoren $\mathfrak{a}$ und $\mathfrak{b}$ in Richtung dreier zueinander senkrechter Achsen $\mathfrak{i}, \mathfrak{j}, \mathfrak{k}$. Die Multiplikation der drei Gleichungen mit $\mathfrak{i}$, resp. $\mathfrak{j}, \mathfrak{k}$ und Addition ergibt:

$$(1)\qquad \begin{aligned}\mathfrak{a} &= b_1\{\lambda_1\mathfrak{i} + \lambda_2\mathfrak{j} + \lambda_3\mathfrak{k}\},\\ &+ b_2\{\mu_1\mathfrak{i} + \mu_2\mathfrak{j} + \mu_3\mathfrak{k}\},\\ &+ b_3\{\nu_1\mathfrak{i} + \nu_2\mathfrak{j} + \nu_3\mathfrak{k}\},\end{aligned}$$

oder:

$$(2)\qquad \mathfrak{a} = b_1\mathfrak{l} + b_2\mathfrak{m} + b_3\mathfrak{n}$$

mit den Vektoren $\mathfrak{l}, \mathfrak{m}, \mathfrak{n}$. Statt dessen können wir auch schreiben:

$$(3)\qquad \mathfrak{a} = (\mathfrak{b}\mathfrak{i})\,\mathfrak{l} + (\mathfrak{b}\mathfrak{j})\,\mathfrak{m} + (\mathfrak{b}\mathfrak{k})\,\mathfrak{n}.$$

Die drei Vektoren $\mathfrak{l}, \mathfrak{m}, \mathfrak{n}$ haben eine anschauliche Bedeutung; sie stellen der Richtung und Größe nach den durch den absoluten Betrag des Vektors $\mathfrak{b}$ dividierten Vektor $\mathfrak{a}$ dar in den Fällen, daß die Richtung von $\mathfrak{b}$ in die Richtung von $\mathfrak{i}$, resp. $\mathfrak{j}$ oder $\mathfrak{k}$ fällt. Denn dann ist z. B.

$$b_2 = b_3 = 0, \qquad b_1 = |\mathfrak{b}| = (\mathfrak{b}\mathfrak{i}),$$

also

$$\mathfrak{a} = |\mathfrak{b}| \cdot \mathfrak{l}.$$

Gibbs und Wilson schreiben statt der Form (1), (2) oder (3):

$$(4)\qquad \mathfrak{a} = \mathfrak{b} \cdot (\mathfrak{i};\mathfrak{l} + \mathfrak{j};\mathfrak{m} + \mathfrak{k};\mathfrak{n})$$

oder

$$= (\mathfrak{l};\mathfrak{i} + \mathfrak{m};\mathfrak{j} + \mathfrak{n};\mathfrak{k}) \cdot \mathfrak{b},$$

wobei das Zeichen „;" zwischen zwei Vektoren die Verwechselung mit dem skalaren Produkt derselben ausschließen soll. Der Punkt vor und hinter $\mathfrak{b}$ soll andeuten, daß der Vektor $\mathfrak{b}$ der Faktor eines skalaren Produktes ist. Aus der Stellung der übrigen Vektoren ist dann eindeutig ersichtlich, welches die resp. anderen Faktoren sind. Die

Operation, die durch die Schreibweise ($\mathfrak{l}; \mathfrak{i}$) angedeutet ist, nennt man **einfache Dyade** (gelesen: „$\mathfrak{l}$ Punktstrich $\mathfrak{i}$“).

Der Vergleich der Gleichung (4) dieses Paragraphen mit Gleichung (4) des vorigen lehrt, daß das Symbol $\Phi$, das wir Affinor nannten, die Summe dreier einfacher Dyaden ist. Man nennt diese Summe, also die Form

$$\mathfrak{l}; \mathfrak{i} + \mathfrak{m}; \mathfrak{j} + \mathfrak{n}; \mathfrak{k} \tag{5}$$

oder, scheinbar allgemeiner, die Form

$$\mathfrak{c}; \mathfrak{f} + \mathfrak{d}; \mathfrak{g} + \mathfrak{e}; \mathfrak{h}, \tag{6}$$

in der $\mathfrak{f}$, $\mathfrak{g}$, $\mathfrak{h}$ nicht aufeinander senkrecht stehen müssen, eine **vollständige Dyade,** wenn weder die $\mathfrak{c}$, $\mathfrak{d}$, $\mathfrak{e}$, noch die $\mathfrak{f}$, $\mathfrak{g}$, $\mathfrak{h}$ drei komplanare Vektoren sind. Vollständig nennt man sie, weil, wie wir sehen werden, die Summe beliebig vieler einfacher Dyaden auf eine solche Form sich reduzieren läßt, $\mathfrak{c}$, $\mathfrak{d}$, $\mathfrak{e}$ heißen die Antezedenten, $\mathfrak{f}$, $\mathfrak{g}$, $\mathfrak{h}$ die Konsequenten der Dyade.

Die Forderung, daß sowohl die Antezedenten wie Konsequenten nichtkomplanare Vektoren sein sollen, ist gleichbedeutend mit der Forderung, daß das System der drei Gleichungen sowohl den Vektor $\mathfrak{a}$ aus $\mathfrak{b}$, als auch den Vektor $\mathfrak{b}$ aus $\mathfrak{a}$ eindeutig und vollständig bestimmen soll. Wir haben also z. B., wenn $\mathfrak{f}$, $\mathfrak{g}$, $\mathfrak{h}$ senkrecht zueinander stehen:

$$\begin{aligned} \Phi &= \mathfrak{c}; \mathfrak{f} + \mathfrak{d}; \mathfrak{g} + \mathfrak{e}; \mathfrak{h}, \\ &= c_1\mathfrak{f}\mathfrak{f} + c_2\mathfrak{g}\mathfrak{f} + c_3\mathfrak{h}\mathfrak{f}, \\ &\quad + d_1\mathfrak{f}\mathfrak{g} + d_2\mathfrak{g}\mathfrak{g} + d_3\mathfrak{h}\mathfrak{g}, \\ &\quad + e_1\mathfrak{f}\mathfrak{h} + e_2\mathfrak{g}\mathfrak{h} + e_3\mathfrak{h}\mathfrak{h}, \end{aligned} \tag{7}$$

und die lineare Vektorfunktion selbst:

$$\begin{aligned} \mathfrak{a} = \Phi \cdot \mathfrak{b} &= b_1\{c_1\mathfrak{f} + c_2\mathfrak{g} + c_3\mathfrak{h}\}, \\ &\quad + b_2\{d_1\mathfrak{f} + d_2\mathfrak{g} + d_3\mathfrak{h}\}, \\ &\quad + b_3\{e_1\mathfrak{f} + e_2\mathfrak{g} + e_3\mathfrak{h}\}. \end{aligned} \tag{8}$$

Die symbolische Schreibweise (5) und (6) läßt erkennen, daß eine vollständige Dyade zwei Vektorfunktionen definiert, je nachdem die Vektoren $\mathfrak{c}$, $\mathfrak{d}$, $\mathfrak{e}$ oder die Vektoren

$\mathfrak{f}$, $\mathfrak{g}$, $\mathfrak{h}$ mit dem unabhängigen Vektor verbunden werden; die zwei Funktionen sind, wie leicht zu zeigen, einander konjugiert; es ist:

$$\mathfrak{b}\,\Phi_c = \Phi\,\mathfrak{b}. \tag{9}$$

Für die Anwendung der Dyade auf einen Vektor gilt also das kommutative Gesetz nicht.

Die einfache Dyade ist durch 2 Richtungen und einen Betrag, also durch 5 Bestimmungsstücke definiert. Die vollständige Dyade, d. h. das auf drei willkürlich vorgegebene Vektoren bezogene, aus drei einfachen Dyaden bestehende Gebilde erfordert zu ihrer Bestimmung die Angabe von drei Vektoren, d. h. von 9 Skalaren.

## § 48. Anwendung

Aus Gleichung (9) des vorigen Paragraphen läßt sich für den Fall, daß $\Phi$ ein Tensor also $= \Phi_c$ ist, ein wichtiger Satz der Tensorrechnung ableiten:

Es seien $\mathfrak{a}'$, $\mathfrak{b}'$ und $\mathfrak{a}''$, $\mathfrak{b}''$ zusammengehörige Wertpaare der Vektoren $\mathfrak{a}$ und $\mathfrak{b}$, die der Gleichung

$$\mathfrak{a} = \Phi \cdot \mathfrak{b}$$

genügen. Dann können wir mit dem Produkt $\mathfrak{a}' \cdot \mathfrak{b}''$ folgende Umformung vornehmen:

$$\mathfrak{a}'\mathfrak{b}'' = \Phi\,\mathfrak{b}' \cdot \mathfrak{b}'' = \mathfrak{b}'\,\Phi_c \cdot \mathfrak{b}'' = \mathfrak{b}'\,\Phi \cdot \mathfrak{b}'' = \mathfrak{b}' \cdot \mathfrak{a}''.$$

Definiert also z. B. $\mathfrak{a}$ den Spannungszustand innerhalb eines unendlich kleinen Bezirkes eines Körpers in den verschiedenen durch $\mathfrak{b}$ gegebenen Richtungen, so sagt die Gleichung aus: Jede der beiden Spannungen $\mathfrak{a}'$ und $\mathfrak{a}''$ liefert bei der Projektion auf die zur anderen Spannung gehörigen Richtung die gleiche Projektion. Stehen die Richtungen $\mathfrak{b}'$ und $\mathfrak{b}''$ senkrecht aufeinander, so sagt die Gleichung, daß die einander zugeordneten Schubspannungen gleich sind, eine Aussage, die mit der $\Phi = \Phi_c$ zusammenfällt.

## § 49. Einige Regeln für die Rechnung mit Dyaden

Die Dyade $\Psi' = \mathfrak{c}'; \mathfrak{f}$ angewandt auf den Vektor $\mathfrak{r}$, oder wie man sagt, die Multiplikation der Dyade mit dem Vektor $\mathfrak{r}$ ergibt die Vektorfunktion:

$$\mathfrak{a} = (\mathfrak{c}'; \mathfrak{f})\,\mathfrak{r} = (c_1'\,\mathfrak{f} + c_2'\,\mathfrak{g} + c_3'\,\mathfrak{h})\,(\mathfrak{f}\mathfrak{r}). \tag{1}$$

Zwei Dyaden lassen sich addieren, wenn ihre Antezedenten oder Konsequenten übereinstimmen, durch Addition der anderen Glieder; es ist, wenn $\Psi'' = \mathfrak{c}''; \mathfrak{f}$ ist:

$$(2) \qquad \Psi'\mathfrak{r} + \Psi''\mathfrak{r} = (\Psi' + \Psi'')\mathfrak{r} = ((\mathfrak{c}' + \mathfrak{c}''); \mathfrak{f})\,\mathfrak{r}.$$

Mit Benutzung dieser Formel ist leicht zu zeigen, daß sich eine Summe von beliebig vielen Dyaden stets auf die Summe von höchstens drei Dyaden zurückführen lassen muß, da wir einen beliebigen Vektor stets auf die Summe dreier Vektoren von nicht komplanaren, vorgegebenen Richtungen zurückführen können. Es sei z. B.

$$(3) \qquad \Psi = \mathfrak{c};\ \mathfrak{f} + \mathfrak{d};\ \mathfrak{g} + \mathfrak{e};\ \mathfrak{h} + \mathfrak{o};\ \mathfrak{p}.$$

Wir schreiben

$$\mathfrak{p} = p_1\mathfrak{f} + p_2\mathfrak{g} + p_3\mathfrak{h}$$

und erhalten

$$(4) \qquad \Psi = (\mathfrak{c} + \mathfrak{o}p_1);\ \mathfrak{f} + (\mathfrak{d} + \mathfrak{o}p_2);\ \mathfrak{g} + (\mathfrak{e} + \mathfrak{o}p_3);\ \mathfrak{h};$$

und daraus folgt, daß die Form (6) des § 47 die allgemeinste Dyade darstellt.

Ganz allgemein können wir die vollständige Dyade einer Dyadensumme

$$(5) \qquad X = \sum_i \mathfrak{t}_i;\ \mathfrak{s}_i$$

stets sofort explizite hinschreiben, sobald entweder die Richtungen der drei Antezedenten oder der Konsequenten gewählt sind. Sollen z. B. die drei Konsequenten, wie in Gleichung (4), wieder $\mathfrak{f}$, $\mathfrak{g}$, $\mathfrak{h}$ sein, so folgen, da nach § 14 der Vektor $\mathfrak{s}_i$ sich durch die Vektoren $\mathfrak{f}$, $\mathfrak{g}$, $\mathfrak{h}$ in der nachstehenden Weise ausdrücken läßt:

$$\mathfrak{s}_i = \mathfrak{f}\,\frac{\mathfrak{s}_i\,[\mathfrak{g}\mathfrak{h}]}{\mathfrak{f}\,[\mathfrak{g}\mathfrak{h}]} + \mathfrak{g}\,\frac{\mathfrak{s}_i\,[\mathfrak{h}\mathfrak{f}]}{\mathfrak{g}\,[\mathfrak{h}\mathfrak{f}]} + \mathfrak{h}\,\frac{\mathfrak{s}_i\,[\mathfrak{f}\mathfrak{g}]}{\mathfrak{h}\,[\mathfrak{f}\mathfrak{g}]},$$

für die drei Antezedenten die Ausdrücke:

$$(6) \qquad \begin{cases} \mathfrak{c} = \sum_i \dfrac{\mathfrak{f}\,[\mathfrak{g}\mathfrak{h}]}{\mathfrak{s}_i\,[\mathfrak{g}\mathfrak{h}]}\,\mathfrak{t}_i, \\ \mathfrak{d} = \sum_i \dfrac{\mathfrak{g}\,[\mathfrak{h}\mathfrak{f}]}{\mathfrak{s}_i\,[\mathfrak{h}\mathfrak{f}]}\,\mathfrak{t}_i, \\ \mathfrak{e} = \sum_i \dfrac{\mathfrak{h}\,[\mathfrak{f}\mathfrak{g}]}{\mathfrak{s}_i\,[\mathfrak{f}\mathfrak{g}]}\,\mathfrak{t}_i. \end{cases}$$

Die vollständige Dyade ist $X = (\mathfrak{c};\ \mathfrak{f} + \mathfrak{d};\ \mathfrak{g} + \mathfrak{e};\ \mathfrak{h})$.

Hieraus folgt, daß Form (5) des § 47 ebenso allgemein ist wie Form (6).

Die Faktoren, Dyade und Vektor, einer Vektorfunktion dürfen nicht vertauscht werden; vielmehr bedeutet $\mathfrak{r} \cdot \Phi$, daß die Antezedenten mit dem Vektor $\mathfrak{r}$ skalar zu multiplizieren sind. Man merke aber an:

$$\mathfrak{r}\,(\mathfrak{c};\mathfrak{f}) \equiv (\mathfrak{r}\,\mathfrak{c}) \cdot \mathfrak{f} \equiv \mathfrak{f}\,(\mathfrak{c}\,\mathfrak{r}) = (\mathfrak{f};\mathfrak{c})\,\mathfrak{r}$$

und erkennt die Umstellungsmöglichkeit der Dyadenteile. Ferner ist:

$$(\mathfrak{c};\mathfrak{f})\,\mathfrak{r} = c\,(\bar{\mathfrak{c}};\mathfrak{f}) \cdot \mathfrak{r} = f\,(\mathfrak{c};\bar{\mathfrak{f}}) \cdot \mathfrak{r} = cf\,(\bar{\mathfrak{c}};\bar{\mathfrak{f}}) \cdot \mathfrak{r},$$

wenn $c$ und $f$ die absoluten Beträge von $\mathfrak{c}$ und $\mathfrak{f}$ sind; und:

$$\Phi \cdot \mathfrak{r} = r\Phi \cdot \frac{\mathfrak{r}}{r} = r\,\Phi \cdot \mathring{\mathfrak{r}},$$

wenn $r$ der absolute Betrag von $\mathfrak{r}$ ist.

Endlich sei noch die Bedeutung der mehrfachen Ausübung von Dyaden auf einen Vektor abgeleitet. Die Aufgabe ist gestellt, auf den Vektor $\mathfrak{a} = \Phi_1 \cdot \mathfrak{r}$ die Dyade $\Phi_2$ anzuwenden, also zu bilden $\Phi_2 \cdot \Phi_1 \cdot \mathfrak{r}$. Es seien:

$$\Phi_1 = \mathfrak{c};\mathfrak{f} \qquad \text{und} \qquad \Phi_2 = \mathfrak{s};\mathfrak{t},$$

damit ist:

$$\Phi_2 \cdot \Phi_1 \cdot \mathfrak{r} = (\mathfrak{s};\mathfrak{t}) \cdot (\mathfrak{c};\mathfrak{f}) \cdot \mathfrak{r} = (\mathfrak{s};\mathfrak{t}) \cdot (\mathfrak{c} \cdot (\mathfrak{f}\,\mathfrak{r})).$$

$(\mathfrak{f}\,\mathfrak{r})$ ist eine skalare Größe, wir haben also $\Phi_2$ auf $\mathfrak{c}$ anzuwenden und erhalten:

$$\Phi_2\Phi_1 \cdot \mathfrak{r} = \mathfrak{s} \cdot (\mathfrak{t}\,\mathfrak{c})\,(\mathfrak{f}\,\mathfrak{r}) = (\mathfrak{s}\,(\mathfrak{t}\,\mathfrak{c});\mathfrak{f})\,\mathfrak{r}.$$

Das „Produkt" zweier eingliedriger Dyaden ist wieder eine eingliedrige Dyade. Sie besteht aus der Antezedenten der vorderen der beiden Dyaden als Antezedente und aus der Konsequenten der hinteren als Konsequente und ist multipliziert mit dem skalaren Produkt der inneren Vektoren. Wichtig und leicht beweisbar ist der Satz, daß, wenn $\Phi\,\mathfrak{r}$ eine beliebige Vektorfunktion ist, das Vektorprodukt

$$[(\Phi\,\mathfrak{r}_1)\,(\Phi\,\mathfrak{r}_2)]$$

für beliebige Werte von $\mathfrak{r}_1$ und $\mathfrak{r}_2$ eine lineare Funktion des Vektorproduktes $[\mathfrak{r}_1\,\mathfrak{r}_2]$ ist. Man bezeichnet dieses Vektorprodukt als Koaffinor und schreibt:

$$[(\Phi\,\mathfrak{r}_1)\,(\Phi\,\mathfrak{r}_2)] = ko\Phi\,[\mathfrak{r}_1\,\mathfrak{r}_2]. \tag{7}$$

Genügt $\Phi$ der Beziehung:

$$[(\Phi \mathfrak{r}_1)(\Phi \mathfrak{r}_2)] = \Phi [\mathfrak{r}_1 \mathfrak{r}_2] = ko\Phi [\mathfrak{r}_1 \mathfrak{r}_2], \tag{8}$$

so nennt man $\Phi$ einen Versor, weil die durch einen solchen Affinor bewirkte Raumtransformation eine einfache Drehung darstellt.

## § 50. Reduktion der vollständigen Dyaden auf ein und zwei Glieder

Unter gewissen Umständen läßt sich die vollständige Dyade auf die Summe zweier Dyaden oder gar auf eine einzige Dyade reduzieren.

In der vollständigen Dyade

$$\Phi = (\mathfrak{c}; \mathfrak{f} + \mathfrak{d}; \mathfrak{g} + \mathfrak{e}; \mathfrak{h}) \tag{1}$$

seien die Antezedenten drei willkürlich gegebene, nicht komplanare Vektoren, aus welchen $\mathfrak{f}, \mathfrak{g}, \mathfrak{h}$ entsprechend den Gleichungen (6) des § 49 berechnet sein mögen.

Durch Ausübung der Dyade auf einen Vektor $\mathfrak{r}$ erhalten wir den Vektor

$$\mathfrak{r}_1 = \Phi \cdot \mathfrak{r} = \mathfrak{c}(\mathfrak{f}\mathfrak{r}) + \mathfrak{d}(\mathfrak{g}\mathfrak{r}) + \mathfrak{e}(\mathfrak{h}\mathfrak{r}). \tag{2}$$

Die Forderung der Reduktion des Ausdruckes (1) auf zwei Glieder ist gleichbedeutend mit der Forderung der gleichen Reduktion von (2) bei beliebigem Vektor $\mathfrak{r}$. Letzteres können wir immer dann und nur dann ausführen, wenn sich einer der Klammerausdrücke aus den beiden anderen durch Multiplikation mit skalaren Größen darstellen läßt, d. h. wenn für jeden beliebigen Vektor $\mathfrak{r}$

$$A(\mathfrak{f}\mathfrak{r}) + B(\mathfrak{g}\mathfrak{r}) = (\mathfrak{h}\mathfrak{r})$$

ist. Diese Gleichung ist nur möglich, wenn

$$A\mathfrak{f} + B\mathfrak{g} = \mathfrak{h},$$

d. h. wenn die Konsequenten komplanare Vektoren sind. Dann geht der Ausdruck (1) über in:

$$\Phi = ((\mathfrak{c} + A\mathfrak{e}); \mathfrak{f} + (\mathfrak{d} + B\mathfrak{e}); \mathfrak{g}).$$

Sind dagegen die Konsequenten als drei nichtkomplanare Vektoren gegeben, so läßt sich die rechte Seite von (2) immer nur dann in die Summe zweier Glieder zusammenziehen, wenn die eine der drei Antezedenten sich durch die anderen beiden darstellen läßt, also die Antezedenten komplanar sind. Dann kann man schreiben:

$$\Phi = (\mathfrak{c}; (\mathfrak{f} + A'\mathfrak{h}) + \mathfrak{d}; (\mathfrak{g} + B'\mathfrak{h})),$$

indem die willkürliche Wahl der Konsequenten $\mathfrak{f}$, $\mathfrak{g}$, $\mathfrak{h}$ für die Antezedenten die Vektoren

$$\mathfrak{c}, \mathfrak{d} \quad \text{und} \quad \mathfrak{e} = A'\mathfrak{c} + B'\mathfrak{d}$$

ergeben muß. In diesen Fällen würden die den verschiedenen Richtungen des Vektors $\mathfrak{r}$ nach (2) entsprechenden Werte des Vektors $\mathfrak{r}_1$ sämtlich in einer Ebene liegen und $\mathfrak{r}$ aus $\mathfrak{r}_1$ nicht eindeutig durch (2) bestimmbar sein. Den Affinor $\Phi$ bezeichnet man dann als planaren Affinor.

In analoger Weise ist zu zeigen, daß sich die vollständige Dyade auf ein einziges Glied reduziert, wenn bei beliebig vorgegebener Wahl der nichtkomplanaren Antezedenten (oder Konsequenten) die Konsequenten (resp. Antezedenten) kollinear sind. Ist $\Phi$ eine einfache Dyade $= (\mathfrak{d}; \mathfrak{e})$ (man spricht in diesem Fall vom linearen Affinor), so ist der Vektor $\mathfrak{r}_1$, in den der Vektor $\mathfrak{r}$ durch $\Phi$ übergeht, nur dann von Null verschieden, wenn der Vektor $\mathfrak{r}$ eine von Null verschiedene Komponente in Richtung der Konsequenten $\mathfrak{e}$ hat.

## § 51. Normalform der vollständigen Dyade

1. Eine jede vollständige Dyade läßt sich durch zwei Gruppen von je drei zueinander senkrechten Vektoren darstellen.

Die lineare Vektorfunktion $\mathfrak{r}_1 = \Phi \cdot \mathfrak{r}$ stellt den Radiusvektor eines Ellipsoides dar, wenn $\bar{\mathfrak{r}}$ einen Einheitsvektor bedeutet. Sie transformiert wie jede lineare Koordinatentransformation eine Kugel in ein Ellipsoid. Wir wählen als Antezedenten der Dyade $\Phi$ die Vektoren $\mathfrak{a}$, $\mathfrak{b}$, $\mathfrak{c}$, die mit den drei aufeinander senkrecht stehenden Hauptachsen der Richtung und Größe nach zusammenfallen; nun sagt ein Satz der analytischen Geometrie aus, daß eine lineare Koordinatentransformation eine Kugelfläche derart in ein Ellipsoid überführt, daß die drei aufeinander senkrecht stehenden Hauptachsenrichtungen des Ellipsoides aus drei aufeinander senkrechten Kugelradien entstehen. Es entsprechen hiernach den Werten $\mathfrak{a}$, $\mathfrak{b}$, $\mathfrak{c}$ für $\mathfrak{r}_1$ Werte von $\mathfrak{r}$, die ebenfalls aufeinander senkrecht stehen und die wir mit $\mathfrak{i}$, $\mathfrak{j}$, $\mathfrak{k}$ bezeichnen wollen; soll aber

$$\mathfrak{r}_1 = \Phi \cdot \bar{\mathfrak{r}}$$

für $\mathfrak{r} = \mathfrak{i}, \mathfrak{j}, \mathfrak{k}$ in die Antezedenten $\mathfrak{a}, \mathfrak{b}, \mathfrak{c}$ der Dyade übergehen, so müssen die Konsequenten die Werte $\mathfrak{i}, \mathfrak{j}, \mathfrak{k}$ haben. Also läßt sich in jedem Fall eine Dyade in die Form bringen:

$$(1) \qquad \Phi = \mathfrak{a}; \mathfrak{i} + \mathfrak{b}; \mathfrak{j} + \mathfrak{c}; \mathfrak{k},$$

in welcher $\mathfrak{a}, \mathfrak{b}, \mathfrak{c}$ und $\mathfrak{i}, \mathfrak{j}, \mathfrak{k}$ zwei Gruppen von drei zueinander senkrechten Vektoren sind.

Umgekehrt läßt sich aber auch aus den Rechnungsregeln der Dyaden und Vektoren der Satz der analytischen Geometrie ableiten. Zu dem Zweck wählen wir den transformierten Vektor $\mathfrak{r}_1$ der den größten absoluten Betrag hat, zu der ersten Antezedenten $\mathfrak{a}$, den dazugehörigen Vektor $\mathfrak{r}$ bezeichnen wir mit $\mathfrak{i}$. Zur zweiten Antezedenten $\mathfrak{b}$ wählen wir den Vektor $\mathfrak{r}_1$, welcher von allen Vektoren, deren zugehörige Vektoren $\mathfrak{r}$ senkrecht zu $\mathfrak{i}$ stehen, den größten absoluten Betrag hat; den zugehörigen Vektor $\mathfrak{r}$ bezeichnen wir mit $\mathfrak{j}$; die dritte Antezedente $\mathfrak{c}$ sei der Vektor $\mathfrak{r}_1$, welcher von dem zu $\mathfrak{j}$ und $\mathfrak{i}$ senkrechten Vektor $\mathfrak{k}$ abgeleitet wird. Die Vektorfunktion lautet dann

$$(2) \qquad \mathfrak{r}_1 = (\mathfrak{a}; \mathfrak{i} + \mathfrak{b}; \mathfrak{j} + \mathfrak{c}; \mathfrak{k}) \cdot \mathfrak{r}.$$

In dem Punkt, in dem $\mathfrak{r}_1$ ein Maximum ist, müssen $\mathfrak{r}_1$ und $d\mathfrak{r}_1$ senkrecht zueinander stehen, also

$$(3) \qquad \mathfrak{r}_1 \cdot d\mathfrak{r}_1 \equiv \mathfrak{r}_1 \cdot (\mathfrak{a}; \mathfrak{i} + \mathfrak{b}; \mathfrak{j} + \mathfrak{c}; \mathfrak{k}) \cdot d\,\mathfrak{r} = 0.$$

Denn nach Gleichung (2) und der Gleichung (6) des § 46 ist

$$d\mathfrak{r}_1 = (\mathfrak{a}; \mathfrak{i} + \mathfrak{b}; \mathfrak{j} + \mathfrak{c}; \mathfrak{k}) \cdot d\,\mathfrak{r}.$$

Da für diesen Fall $\mathfrak{r}_1$ den Wert $\mathfrak{a}$ und $\mathfrak{r}$ den Wert $\mathfrak{i}$ annehmen, also $d\,\mathfrak{r}$ senkrecht zu $\mathfrak{i}$ stehen soll, so reduziert das skalare Produkt (3) sich auf:

$$\mathfrak{a} \cdot (\mathfrak{b}\, b_1 + \mathfrak{c}\, c_1) = 0,$$

wenn $\mathfrak{j} \cdot d\mathfrak{r} = b_1$ und $\mathfrak{k} \cdot d\mathfrak{r} = c_1$ gesetzt wird. Danach ist $\mathfrak{a}$ senkrecht zu der Ebene der Vektoren $\mathfrak{b}$ und $\mathfrak{c}$. In dieser Ebene ist nun wieder $\mathfrak{b}$ der Maximalwert von $\mathfrak{r}_1$, so daß längs der Schnittlinie des Ellipsoides mit der Ebene gilt:

$$\mathfrak{r}_1\, d\mathfrak{r}_1 \equiv \mathfrak{b} \cdot \mathfrak{c} \cdot c_2 = 0,$$

wenn man bedenkt, daß $d\,\mathfrak{r}$ wieder senkrecht zu $\mathfrak{r}$, d. i. hier zu $\mathfrak{j}$ steht, und wenn man $d\mathfrak{r} \cdot \mathfrak{k} = c_2$ setzt. Hieraus folgt, daß auch $\mathfrak{b}$ und $\mathfrak{c}$ zueinander senkrecht stehen müssen.

2. Die Darstellung der Dyade durch zwei Gruppen von drei zueinander senkrecht stehenden Vektoren nennt man die Darstellung durch die Normalform und schreibt:

(4) $$\Phi = (a\mathfrak{i}'; \mathfrak{i} + b\mathfrak{j}'; \mathfrak{j} + c\mathfrak{k}'; \mathfrak{k}).$$

Von Bedeutung ist der spezielle Fall, daß in der Normalform $a = b = c$ ist, also

$$\Phi = a(\mathfrak{i}'; \mathfrak{i} + \mathfrak{j}'; \mathfrak{j} + \mathfrak{k}'; \mathfrak{k}).$$

Die Anwendung dieser Dyade auf einen Vektor ist gleichbedeutend mit einer Drehung und gleichzeitigen, nach allen Richtungen gleichgroßen Streckung des Vektors. Die durch sie dargestellte Raumtransformation ist eine „Drehstreckung"; $\Phi$ nennt man in diesem Fall einen „Drehstrecker".

Ist $a = b = c = 1$, so ist $\Phi$ ein Versor, für den die Beziehung (8) des § 49 gilt.

Ist endlich $a = b = c = 1$ und $\mathfrak{i}' = \mathfrak{i}$, $\mathfrak{j}' = \mathfrak{j}$, $\mathfrak{k}' = \mathfrak{k}$, so spricht man von einer Einheits- oder Identitätsdyade

(5) $$J = (\mathfrak{i}; \mathfrak{i} + \mathfrak{j}; \mathfrak{j} + \mathfrak{k}; \mathfrak{k}),$$

in welche $\Phi$ übergeht.

Die Anwendung der Identitätsdyade auf einen Vektor führt denselben in sich über:

(6) $$\mathfrak{r} = J \cdot \mathfrak{r};$$

ebenso gilt:

$$\Phi = \Phi \cdot J = J \cdot \Phi.$$

Das Produkt zweier Dyaden ist nach § 49 wieder eine Dyade, es muß also möglich sein, bei gegebenem Wert von $\Phi$ die Gleichung zu erfüllen:

$$\Phi \cdot \Psi = J.$$

Dieselbe fordert, wenn wir uns wie oben unter der Anwendung von $\Phi$ und $\Psi$ auf den Vektor $\mathfrak{r}$ eine Koordinatentransformation vorstellen, daß die Transformation $\Phi$ durch die Transformation $\Psi$ gerade aufgehoben wird, d. h. wenn

$$\mathfrak{r}_1 = \Phi \cdot \mathfrak{r},$$

so muß

$$\Psi \cdot \mathfrak{r}_1 = \mathfrak{r}$$

sein. Es bedeutet also $\Psi$ die lineare Vektorfunktion $\mathfrak{r}$ des Vektors $\mathfrak{r}_1$, wenn $\Phi$ die lineare Vektorfunktion $\mathfrak{r}_1$ von $\mathfrak{r}$ ist. $\Psi$ gibt die Auflösung der Transformationsgleichungen, welche $\mathfrak{r}$ in $\mathfrak{r}_1$ überführen, nach $\mathfrak{r}$. Man nennt $\Psi$ die reziproke (oder inverse) Dyade und bezeichnet sie auch symbolisch durch $\Phi^{-1}$.

## § 52. Das totale Differential eines Vektors

Zur Darstellung einer unendlich kleinen Deformation eines mit Masse kontinuierlich erfüllten Raumgebietes bedient man sich der folgenden Gleichungen. Es seien die Verrückungen des Punktes $x$, $y$, $z$ durch die Werte $\xi$, $\eta$, $\zeta$, die des Nachbarpunktes $x + dx$, $y + dy$, $z + dz$ durch $\xi + d\xi$, $\eta + d\eta$, $\zeta + d\zeta$ gegeben, dann gilt:

$$(1) \qquad d\xi = dx \frac{\partial \xi}{\partial x} + dy \frac{\partial \xi}{\partial y} + dz \frac{\partial \xi}{\partial z}$$

und für $d\eta$ und $d\zeta$ entsprechende Gleichungen.

$d\xi$, $d\eta$, $d\zeta$ sind die Komponenten der relativen Verrückungen benachbarter Punkte und sind durch diese Gleichungen, wenn die Koeffizienten $\frac{\partial \xi}{\partial x}$, ... bekannt sind, als lineare Funktionen der Komponenten $dx$, $dy$, $dz$ ausgedrückt; mit anderen Worten, der Vektor $d\mathfrak{s}$ mit den Komponenten $d\xi$, $d\eta$, $d\zeta$ ist linear durch den Vektor $d\mathfrak{r}$ mit den Komponenten $dx$, $dy$, $dz$ dargestellt. Um die Vektorenschreibweise einzuführen, setzen wir

$$d\xi\,\mathfrak{i} + d\eta\,\mathfrak{j} + d\zeta\,\mathfrak{k} = d\mathfrak{s}$$
$$dx\,\mathfrak{i} + dy\,\mathfrak{j} + dz\,\mathfrak{k} = d\mathfrak{r};$$

dann geht das System von Gleichungen über in:

$$(2) \qquad d\mathfrak{s} = \left(\frac{\partial \mathfrak{s}}{\partial x}; \mathfrak{i} + \frac{\partial \mathfrak{s}}{\partial y}; \mathfrak{j} + \frac{\partial \mathfrak{s}}{\partial z}; \mathfrak{k}\right) \cdot d\mathfrak{r} = \Phi \cdot d\mathfrak{r},$$

indem für den Klammerausdruck, abkürzend

$$(3) \qquad \left\{ \begin{array}{llll} \Phi = & \frac{\partial \xi}{\partial x}, & \frac{\partial \eta}{\partial x}, & \frac{\partial \zeta}{\partial x} \\ & \frac{\partial \xi}{\partial y}, & \frac{\partial \eta}{\partial y}, & \frac{\partial \zeta}{\partial y} \\ & \frac{\partial \xi}{\partial z}, & \frac{\partial \eta}{\partial z}, & \frac{\partial \zeta}{\partial z} \end{array} \right.$$

gesetzt ist.

Nach der in § 22 gewählten Ausdrucksweise können wir die linke Seite der Gleichung (2) in der symbolischen Form schreiben:

(4) $$(d\mathfrak{r}\,\nabla)\,\mathfrak{s} = (d\mathfrak{r}\,\nabla)\,\xi\,\mathfrak{i} + (d\mathfrak{r}\,\nabla)\,\eta\,\mathfrak{j} + (d\mathfrak{r}\,\nabla)\,\zeta\,\mathfrak{k}$$

oder

(5) $$(d\mathfrak{r}\,\nabla)\,\mathfrak{s} = \Phi \cdot d\mathfrak{r} = d\mathfrak{r} \cdot \Phi_c .$$

Betrachten wir hierin, wie schon des öfteren, den Operator $\nabla$ als symbolischen Vektor und $(d\mathfrak{r}\,\nabla)$ als skalares Produkt zweier Vektoren, so ergibt Gleichung (5), daß $(d\mathfrak{r}\,\nabla)\,\mathfrak{s}$ eine aus den Vektoren $\nabla$ und $\mathfrak{s}$ gebildete, mit $d\mathfrak{r}$ multiplizierte Dyade darstellt, so daß wir schreiben können:

(6) $$d\mathfrak{s} = d\mathfrak{r} \cdot \nabla\,;\ \mathfrak{s} = d\mathfrak{r} \cdot \Phi_c .$$

Das ist eine neue Darstellungsweise des totalen Differentials.

## § 53. Anwendung auf die unendlich kleinen Verrückungen kontinuierlich verbreiteter Massen

Wir kehren jetzt zu den Gleichungen (1) und (2) des § 52 zurück, die die Beziehungen zwischen den unendlich kleinen relativen Verrückungen und den Nachbarpunkten von $x$, $y$, $z$ angaben. Es soll zunächst untersucht werden, auf welcher Fläche der Endpunkt der auf die Richtung $d\mathfrak{r}$ bezüglichen Verrückung $d\mathfrak{s}$ für die Längeneinheit von $d\mathfrak{r}$ liegt, wenn als Anfangspunkt immer derselbe Punkt genommen wird. Aus Gleichung (2) folgt, wenn wir mit $\Phi^{-1}$ die reziproke Dyade bezeichnen:

(1) $$d\mathfrak{r} = \Phi^{-1} \cdot d\mathfrak{s}.$$

Es sei nun $d\mathfrak{r}$ ein Einheitsvektor; wir fragen also nach den Endpunkten von $d\mathfrak{s}$, die zu Punkten einer Einheitskugelfläche um $x$, $y$, $z$ gehören. Multiplizieren wir die Gleichung mit sich selbst skalar, so erhalten wir eine Beziehung zwischen den absoluten Beträgen:

(2) $$1 = (\Phi^{-1} \cdot d\mathfrak{s})^2$$

und das ist eine quadratische Gleichung in den Komponenten von $d\mathfrak{s}$ und durch die Beziehung $d\mathfrak{s} = \Phi \cdot d\mathfrak{r}$ in den Komponenten von $d\mathfrak{r}$. Der Endpunkt von $d\mathfrak{s}$ liegt also auf einer Fläche 2. Grades, die, wenn wir Endlichkeit aller Verrückungen des betrachteten Systems voraussetzen, ein Ellipsoid ist. Es ist vollständig durch die Koeffizienten der Dyade $\Phi^{-1}$ oder $\Phi$ definiert, und man kann sagen, eine Dyade ist unter dem Bilde einer Fläche zweiten Grades vorstellbar.

Die Zuordnung von $d\mathfrak{s}$ zu $d\mathfrak{r}$ oder — indem wir den Buchstaben $d$, der nur auf die Kleinheit der Strecken $d\mathfrak{s}$ und $d\mathfrak{r}$ hinweisen soll, der Einfachheit halber und besonders im Hinblick auf die Bedeutung, die er im § 54 hat, vor $\mathfrak{r}$ und $\mathfrak{s}$ fortlassen — die Zuordnung:

(3) $$\mathfrak{s} = \Phi \cdot \mathfrak{r}$$

wird im allgemeinen nicht so sein, daß die Richtung von $\mathfrak{s}$ mit der des zugehörigen $\mathfrak{r}$ zusammenfällt. Es gibt aber immer 3 Richtungen von $\mathfrak{r}$, in denen das der Fall ist. Sie stehen senkrecht zueinander und sind die Hauptdilatationsachsen (vgl. § 54). Die Richtungen der anderen $\mathfrak{s}$ lassen sich indessen auch unschwer ableiten.

Wir bilden zu dem Zweck das skalare Produkt $\mathfrak{r} \cdot \mathfrak{s} = \mathfrak{r} \cdot \Phi \cdot \mathfrak{r}$, das ist die Projektion der Verrückung $\mathfrak{s}$ auf die Richtung $\mathfrak{r}$. Setzen wir diesen Ausdruck gleich einer Konstanten $C$, so haben wir wieder eine Gleichung 2. Grades zwischen den Komponenten von $\mathfrak{r} = x\mathfrak{i} + y\mathfrak{j} + z\mathfrak{k}$. Es ist die Gleichung des obengenannten Ellipsoides, wenn $C = 1$ gesetzt wird. Wir wollen diese Gleichung jetzt explizite hinschreiben. Dabei machen wir Gebrauch von der Erfahrung, daß $\Phi$ in einen symmetrischen und einen antimetrischen Teil zerlegt werden kann und setzen:

$$\Phi = \Phi_S + \Phi_A .$$

In $\mathfrak{r} \cdot \Phi \cdot \mathfrak{r}$ wirkt offenbar nur der symmetrische Teil $\Phi_S$ mit, denn es ist $\mathfrak{r} \cdot \Phi \cdot \mathfrak{r} = \mathfrak{r} \cdot \Phi_c \cdot \mathfrak{r}$; das kann nur für den symmetrischen Teil von $\Phi$ gelten; es muß demnach sein:

(4) $$\mathfrak{r} \cdot \Phi_A \cdot \mathfrak{r} = \mathfrak{r} \cdot \mathfrak{s}_A = 0,$$

d. h. der Teil $\mathfrak{s}_A$ von $\mathfrak{s}$, der als antimetrisch abgetrennt werden kann, hat eine zu $\mathfrak{r}$ senkrechte Richtung, stellt mithin eine Drehung des Körpers dar. Nun ist aber weiter nach (8) in § 46:

$$\Phi_S = \tfrac{1}{2}(\Phi + \Phi_c),$$

also
$$\Phi_S = \frac{\partial \xi}{\partial x}, \; \frac{1}{2}\left(\frac{\partial \eta}{\partial x} + \frac{\partial \xi}{\partial y}\right), \; \frac{1}{2}\left(\frac{\partial \zeta}{\partial x} + \frac{\partial \xi}{\partial z}\right),$$
$$\frac{1}{2}\left(\frac{\partial \xi}{\partial y} + \frac{\partial \eta}{\partial x}\right), \; \frac{\partial \eta}{\partial y}, \; \frac{1}{2}\left(\frac{\partial \zeta}{\partial y} + \frac{\partial \eta}{\partial z}\right),$$
$$\frac{1}{2}\left(\frac{\partial \xi}{\partial z} + \frac{\partial \zeta}{\partial x}\right), \; \frac{1}{2}\left(\frac{\partial \eta}{\partial z} + \frac{\partial \zeta}{\partial y}\right), \; \frac{\partial \zeta}{\partial z},$$

oder in abkürzender Schreibweise:

(5)
$$\begin{aligned}\Phi_S = \alpha_{11},\ &\alpha_{12},\ \alpha_{13},\\ \alpha_{12},\ &\alpha_{22},\ \alpha_{23},\\ \alpha_{13},\ &\alpha_{23},\ \alpha_{33}.\end{aligned}$$

und es ist $\mathfrak{r} \cdot \Phi \cdot \mathfrak{r} = \mathfrak{r} \cdot \Phi_S \cdot \mathfrak{r} =$

(6) $\alpha_{11} x^2 + \alpha_{22} y^2 + \alpha_{33} z^2 + 2\alpha_{12} xy + 2\alpha_{23} yz + 2\alpha_{31} zx = C.$

Setzen wir weiter abkürzend:

$$\Phi_S \mathfrak{r} = \mathfrak{s}_S = s_x \mathfrak{i} + s_y \mathfrak{j} + s_z \mathfrak{k},$$

so folgt

$$s_x = \alpha_{11} x + \alpha_{12} y + \alpha_{13} z,$$

und das ist gleich der halben Änderung der Größe $C$ bei einer Variation von $x$. Es ist also:

$$s_x = \frac{1}{2} \frac{dC}{dx} \text{ und entsprechend } s_y \text{ und } s_z.$$

Daraus folgt weiter:

(7)
$$\mathfrak{s}_S = \tfrac{1}{2} \operatorname{grad} C,$$

und das bedeutet, daß der von der Drehung des Körpers $\mathfrak{s}_A$ befreite Teil der Deformation ein Vektor $\mathfrak{s}_S$ ist, des senkrecht auf der Ellipsoidfläche in dem Endpunkt der zugehörigen Vektors $\mathfrak{r}$ steht. Damit ist also die R i c h t u n g der Dilatation $\mathfrak{s}_S$ des Vektors $\mathfrak{r}$ gefunden. Zu der Größe gelangt man durch die folgende Überlegung. Es sei $\mathfrak{r}_1$ die Länge des Radiusvektors der Fläche (6) für $C = 1$. Dann ist wegen: $\mathfrak{r}_1 \cdot \mathfrak{s}_S = 1$ oder

$$|\mathfrak{r}_1| \cdot |\mathfrak{s}_S| \cos(\mathfrak{r}_1, \mathfrak{s}_S) = 1$$
$$|\mathfrak{s}_S| = 1 : |\mathfrak{r}_1| \cos(\mathfrak{r}_1, \mathfrak{s}_S).$$

Die Ellipsoidfläche für $C = 1$ ist das durch $\Phi$ definierte „Tensorellipsoid".

Die Zerlegung der Dyade $\Phi$ in einen symmetrischen (Tensor) und einen antisymmetrischen Teil hat also in dem betrachteten Fall eine besondere physikalische Bedeutung. Die **Streckung** bei einer unendlich kleinen, allgemeinen Deformation ist durch die symmetrische Dyade erster Art, d. i. durch einen Tensor gegeben. Ist die Deformation von solcher Art, daß dieser Teil Null wird und nur der zweite, antisymmetrische Teil der Dyade übrigbleibt, so hat man es mit einer **Drehung** des Mediums um den Punkt, gegen welchen die Verrückungen betrachtet werden, zu tun.

Für die Deformation, die diesem Teil entspricht, folgt:

$$(8) \quad \begin{cases} \mathfrak{s}_A = \frac{1}{2}(\Phi - \Phi_c) \cdot \mathfrak{r} = \left(\frac{\partial \xi}{\partial y} - \frac{\partial \eta}{\partial x}\right)[\mathfrak{k}\mathfrak{r}] \\ \quad + \left(\frac{\partial \zeta}{\partial x} - \frac{\partial \xi}{\partial z}\right)[\mathfrak{j}\mathfrak{r}] + \left(\frac{\partial \eta}{\partial z} - \frac{\partial \zeta}{\partial y}\right)[\mathfrak{i}\mathfrak{r}] = [\mathrm{rot}\,\mathfrak{s} \cdot \mathfrak{r}]. \end{cases}$$

Erleidet der Punkt, auf den diese Verrückungen bezogen sind, selbst eine unendlich kleine Verrückung, so müssen wir, um die absoluten Verrückungen zu erhalten, diese hinzuaddieren. Es lehrt dies, daß eine jede unendlich kleine Verrückung zusammengesetzt gedacht werden kann aus:

1. einer Parallelverschiebung des Mediums,

2. einer Dilatation, deren Größe durch den symmetrischen Teil (Tensorteil) der Dyade gegeben ist, welche die lineare Vektorfunktion der Verrückung nach Abzug der Parallelverschiebung bestimmt,

3. einer Drehung des Mediums um den Bezugspunkt, deren Größe und Richtung durch den antisymmetrischen Teil der Dyade angegeben ist.

## § 54. Hauptdilatationsachsen. Reine Volumendilatation

Aus der Gleichung (1) des vorigen Paragraphen, welche die Dilatation in einer vorgegebenen Richtung bestimmt, können wir die Hauptdilatationsachsen ableiten, d. h. die Richtungen, in denen die Dilatation einen Grenzwert, Maximum, Minimum oder Sattelwert annimmt. Nachdem wir oben gezeigt haben, daß die Deformation eine Kugelfläche in ein Ellipsoid verwandelt, ergibt sich von selbst, daß die Hauptdilatationsachsen mit den Achsen des Ellipsoides zusammenfallen müssen. Es ist indessen nicht überflüssig, zur Übung die Hauptdilatationsrichtungen direkt zu berechnen und gleichzeitig zu zeigen, daß in diesen Richtungen nur Streckung, aber keine Richtungsänderung der Radienvektoren vorkommen. Für einen der drei Spezialwerte muß $\mathfrak{s} \cdot \mathfrak{r}$, bezogen auf den Einheitsvektor $\mathfrak{r}$, ein Maximum sein, also:

$$(1) \qquad d\,\frac{\mathfrak{s} \cdot \mathfrak{r}}{r^2} = d\{\Phi_S \cdot \mathfrak{r} \cdot \mathfrak{r}\} = 0$$

wenn wir von $\mathfrak{r}$ auf der Fläche zum Nachbarpunkt gehen, für den

$$(2) \qquad \mathfrak{r} \cdot d\,\mathfrak{r} = 0$$

ist. Nun ist

$$d\{\Phi_S \mathfrak{r} \cdot \mathfrak{r}\} = \Phi_S\, d\mathfrak{r} \cdot \mathfrak{r} + \Phi_S \mathfrak{r} \cdot d\mathfrak{r},$$

oder da die Dyade symmetrisch ist und daher:

$$\Phi_S\, d\mathfrak{r} \cdot \mathfrak{r} \equiv \mathfrak{r} \cdot \Phi_S \cdot d\mathfrak{r} = d\mathfrak{r} \cdot \Phi_S \cdot \mathfrak{r} \equiv \Phi_S \mathfrak{r} \cdot d\mathfrak{r}$$

gesetzt werden kann, folgt:

$$d\{\Phi_S \mathfrak{r} \cdot \mathfrak{r}\} = 2\, \Phi_S \mathfrak{r} \cdot d\mathfrak{r}.$$

Subtrahieren wir von diesem Ausdruck, den wir gleich Null zu setzen haben, die mit einem willkürlichen, skalaren Faktor $\lambda$[1]) multiplizierte Gleichung (2), welche wir mit Benutzung der Identitätsdyade $J$ auch schreiben können:

$$\lambda J \cdot \mathfrak{r} \cdot d\mathfrak{r} = 0,$$

so kommt:

$$(\Phi_S - \lambda J) \cdot \mathfrak{r} \cdot d\mathfrak{r} = 0. \tag{3}$$

Diese Gleichung muß für jeden Wert von $d\mathfrak{r}$ gelten, speziell also auch, wenn $d\mathfrak{r}$ mit der Richtung des Vektors

$$(\Phi_S - \lambda J) \cdot \mathfrak{r}$$

zusammenfällt; es muß also der Vektor selbst Null sein. Dieser Forderung aber sind drei skalare Gleichungen für die drei Komponenten äquivalent, und diese sind bezüglich der Komponenten des Vektors $\mathfrak{r}$ homogen und linear.

Solche Gleichungen können nur zusammen bestehen, wenn die Determinante der Dyade $(\Phi_S - \lambda J)$, d. i. die aus den Dyadenkoeffizienten gebildete Determinante verschwindet. Diese Bedingung ergibt eine Gleichung dritten Grades in $\lambda$, welche drei reelle Lösungen besitzt. Jeder Lösung $\lambda$ entspricht ein Wertsystem der Komponenten von $\mathfrak{r}$. Die drei daraus folgenden Richtungen seien $\mathfrak{r}_1$, $\mathfrak{r}_2$, $\mathfrak{r}_3$. Dieselben stehen aufeinander senkrecht, wie aus Gleichung (3) folgendermaßen festgestellt werden kann. Für $\lambda_1$ und $\mathfrak{r}_1$ geht die von $d\mathfrak{r}$ befreite Gleichung (3) über in:

$$(\Phi_S - \lambda_1 J)\, \mathfrak{r}_1 = 0, \tag{4}$$

für $\lambda_2$ und $\mathfrak{r}_2$ in:

$$(\Phi_S - \lambda_2 J)\, \mathfrak{r}_2 = 0. \tag{4'}$$

Wir multiplizieren die erste Gleichung skalar mit $\mathfrak{r}_2$, die zweite mit $\mathfrak{r}_1$ und subtrahieren die zweite von der ersten. Dann erhalten wir:

$$(\lambda_1 - \lambda_2)\, \mathfrak{r}_1 \mathfrak{r}_2 = 0.$$

Wenn also $\lambda_1$ und $\lambda_2$ nicht gleich sind, müssen $\mathfrak{r}_1$ und $\mathfrak{r}_2$ aufeinander senkrecht stehen; dasselbe gilt von der Kom-

[1]) Dieser Buchstabe ist dafür gebräuchlich und hier benutzt, da von dem in § 46 eingeführten $\lambda$ im folgenden kein Gebrauch mehr gemacht wird.

bination $\mathfrak{k}_3$, $\mathfrak{k}_1$ und $\mathfrak{k}_3$, $\mathfrak{k}_2$, wenn auch $\lambda_3$ von $\lambda_1$ und $\lambda_2$ verschieden ist.

Es existieren in diesem Fall drei zueinander senkrechte Richtungen, in denen die Dilatation einen Grenzwert annimmt. Es sind diese drei Richtungen also die Hauptachsen des durch die Deformationsdyade $\Phi$ bestimmten Ellipsoides.

Die Größe der Dilatation in den drei Richtungen erhalten wir aus den Gleichungen (4), (4') und der entsprechenden für $\lambda_3$, da $\Phi_S \mathfrak{r}$ der Teil der Deformation ist, der sich auf die Dehnung bezieht. Es wird

$$(5)\qquad \begin{cases} \frac{1}{r_1}\mathfrak{s}_1 = \Phi_S \mathfrak{k}_1 = \lambda_1 \mathfrak{k}_1 \\ \frac{1}{r_2}\mathfrak{s}_2 = \lambda_2 \mathfrak{k}_2 \\ \frac{1}{r_3}\mathfrak{s}_3 = \lambda_3 \mathfrak{k}_3 . \end{cases}$$

Es folgt hieraus, daß in den Hauptdilatationsrichtungen die Deformation $\Phi_S$ nur Verlängerungen, nicht Richtungsänderungen des Vektors $\mathfrak{r}$ bewirkt.

Die Dilatation des Volumens der Einheitskugel bei der Deformation in das Ellipsoid mit den Halbachsen: $1 + \lambda_1$, $1 + \lambda_2$, $1 + \lambda_3$ pro Volumeneinheit, schlechthin die Volumendilatation genannt, ist, da $\lambda_1$, $\lambda_2$, $\lambda_3$ klein gegen 1 sind, gleich $\lambda_1 + \lambda_2 + \lambda_3$. Dieselbe ist gleich der Summe der Diagonalglieder der Dyade $\Phi$ oder des Tensors $\Phi_S$, da $\lambda_1$, $\lambda_2$, $\lambda_3$ die Lösungen der Gleichung dritten Grades waren, die wir erhielten, wenn wir die aus den gleichen Gliedern wie die Dyade $(\Phi_S - \lambda J)$ bestehende Determinante gleich Null setzten. Die Volumendilatation ist also Null, wenn $\lambda_1 + \lambda_2 + \lambda_3$ oder

$$(6)\qquad \frac{\partial \xi}{\partial x} + \frac{\partial \eta}{\partial y} + \frac{\partial \zeta}{\partial z} = 0$$

ist, eine Gleichung, die wir aus der Hydrodynamik als Inkompressibilitätsbedingung kennen. Einer Dyade mit dieser Bedingung entspricht eine reine Gestaltsänderung.

Wenn die Gestalt nach der Deformation sich ähnlich geblieben sein soll, so müssen die Dilatationen nach allen Richtungen gleich groß sein, d. h. die drei Längen $\lambda_1, \lambda_2, \lambda_3$ einander gleich sein. Die Bedingungen, welche in diesem Fall zwischen den Koeffizienten der Deformationsdyade bestehen müssen, finden wir auf folgendem Wege. Wenn $\lambda_1 = \lambda_2 = \lambda_3$, so geht die lineare Vektorfunktion

$$\mathfrak{s} = \Phi_S \mathfrak{r} = A \mathfrak{s}_1 + B \mathfrak{s}_2 + C \mathfrak{s}_3$$
$$= A\lambda_1 \mathfrak{r}_1 + B\lambda_2 \mathfrak{r}_2 + C\lambda_3 \mathfrak{r}_3,$$

welche der allgemeinen Dilatation entspricht für den Vektor

$$\mathfrak{r} = A \mathfrak{r}_1 + B \mathfrak{r}_2 + C \mathfrak{r}_3,$$

über in:

$$\mathfrak{s} = \lambda_1 (A \mathfrak{r}_1 + B \mathfrak{r}_2 + C \mathfrak{r}_3) = \lambda_1 \mathfrak{r} = \lambda_1 J \cdot \mathfrak{r}.$$

Es muß also für jeden Vektor

$$(\Phi_S - \lambda_1 J) \cdot \mathfrak{r} = 0$$

sein oder

$$\Phi_S = \lambda_1 J. \tag{7}$$

Zwei Dyaden sind aber nur gleich, wenn alle Koeffizienten ihrer Normalform einander gleich sind. Die Koeffizienten von $J$ kennen wir, und es folgt hieraus (vgl. Gl. 1 in § 51):

$$\begin{cases} a_1 = b_2 = c_3 = \lambda, \\ c_2 + b_3 = a_3 + c_1 = b_1 + a_2 = 0. \end{cases} \tag{8}$$

Man bezeichnet eine Deformation, deren Koeffizienten diesen Bedingungen genügen, die also eine nach allen Richtungen gleiche Dehnung ohne Änderung der Richtungen hervorruft, eine reine Volumenänderung.

## § 55. Die skalare und die rotorische Dyade

Die Vektorsummen auf der rechten Seite der Gleichung (8) in § 47, einer Gleichung, die $\mathfrak{a}$ als lineare Funktion von $\mathfrak{b}$ darstellt, lassen sich noch in anderer Weise zusammenfassen als durch die bisher behandelten Dyaden. Der Vektor $\mathfrak{b}$ tritt dort als Faktor in skalaren Produkten auf. Wir können die linearen Vektorfunktionen auch darstellen durch eine Summe von dreifachen Vektorprodukten, in die der Vektor $\mathfrak{b}$, das Argument der linearen Funktion, als Faktor eintritt, abgesehen von einem additiv hinzukommenden Glied, welches aus dem mit einer Skalaren multiplizierten Argument gebildet ist.

Gleichung (8) des § 47 können wir schreiben:

$$(1)\quad \begin{cases} \mathfrak{a} = (\mathfrak{b}\mathfrak{f})\,\mathfrak{c} + (\mathfrak{b}\mathfrak{g})\,\mathfrak{d} + (\mathfrak{b}\mathfrak{h})\,\mathfrak{e} \\ \quad = [\mathfrak{f}[\mathfrak{c}\mathfrak{b}]] + [\mathfrak{g}[\mathfrak{d}\mathfrak{b}]] + [\mathfrak{h}[\mathfrak{e}\mathfrak{b}]] + \mathfrak{b}\,(\mathfrak{f}\mathfrak{c} + \mathfrak{g}\mathfrak{d} + \mathfrak{h}\mathfrak{e}), \end{cases}$$

wobei keine Voraussetzungen über die Richtungen $\mathfrak{f}$, $\mathfrak{g}$, $\mathfrak{h}$ gemacht sind, nur dürfen sie nicht komplanar sein. Symbolisch schreibt man:

$$(2)\quad \begin{cases} \mathfrak{a} = [\mathfrak{f}[\mathfrak{c} + [\mathfrak{g}[\mathfrak{d} + [\mathfrak{h}[\mathfrak{e}, \mathfrak{b}]] + D \cdot \mathfrak{b} \\ \quad = (\mathfrak{f}\mathfrak{c} + \mathfrak{g}\mathfrak{d} + \mathfrak{h}\mathfrak{e}) \times \mathfrak{b} + D \cdot \mathfrak{b}. \end{cases}$$

Man bezeichnet auch diese durch eckige Klammern angemerkte Operation, die durch die Schreibweise:

$$(3)\qquad \mathfrak{f}\mathfrak{c}^{\times} \quad \text{und} \quad \mathfrak{f}^{+}_{,}\mathfrak{c}$$

angedeutet wird, als Dyade, und zum Unterschied nennt man die früher abgeleitete Form eine *skalare oder lineare*, die hier behandelte eine *rotorische oder planare Dyade*. Die Summe beliebig vieler gleichartiger Dyaden läßt sich zu einer Summe von höchstens drei Dyaden derselben Art zusammenfassen. Für skalare Dyaden hatten wir das in § 49 gezeigt. Für rotorische Dyaden ergibt es sich in folgender Weise. Es sei eine Summe von mehr als drei rotorischen Dyaden gegeben; wir benutzen dieselbe zur Darstellung einer linearen Vektorfunktion. Jede lineare Vektorfunktion läßt sich aber, wie wir eben gesehen haben, in die Summe dreier rotorischer Dyaden und eines additiven, dem Argument der linearen Vektorfunktion parallelen Vektors zusammenfassen. Nun läßt sich ein variabler Vektor nicht durch ein vektorielles Tripelprodukt von der Form $[\mathfrak{a}[\mathfrak{b}\mathfrak{c}]]$ darstellen, in welchem der betreffende Vektor selbst ein Faktor ist; es kann also der additive Vektor in der linearen Vektorfunktion auch nicht aus einer rotorischen Dyade entstanden sein, d. h. da wir nur eine Summe von rotorischen Dyaden angenommen hatten, muß der absolute Betrag dieses additiven Vektors Null sein. Die Summe ist also dargestellt durch drei rotorische Dyaden. Man bezeichnet die auf drei Glieder reduzierten, nicht weiter reduzierbaren Dyaden als *vollständige skalare* resp. *vollständige rotorische Dyaden*.

## § 56. Benutzung der Dyaden bei den dreifachen Vektorprodukten

Die Einführung der Dyaden in den linearen Vektorfunktionen wird dadurch nahegelegt, daß die dreifachen Vektorprodukte:

$$\mathfrak{a}\,(\mathfrak{b}\,\mathfrak{r}) \qquad \text{und} \qquad [\mathfrak{a}\,[\mathfrak{b}\,\mathfrak{r}]]$$

keine Transformation in eine Form gestatten, die den variablen Vektor $\mathfrak{r}$ *explizite, nämlich multipliziert mit einer bekannten Form der beiden gegebenen Vektoren*, enthält. Mit Benutzung der dyadischen Gebilde ist dagegen jedes Produkt dreier Vektoren, unter denen ein variabler Vektor sich befindet, zurückführbar auf eine Kombination eines bekannten Gebildes der beiden gegebenen Vektoren mit dem variablen. In einem dreifachen Produkt können nämlich die beiden konstanten Vektoren $\mathfrak{a}$ und $\mathfrak{b}$ nur in den folgenden Kombinationen vorkommen:

1. $\mathfrak{a}\,\mathfrak{b}$ als skalares Produkt in $(\mathfrak{a}\,\mathfrak{b})\,\mathfrak{r}$
2. $[\mathfrak{a}\,\mathfrak{b}]$ als vektorielles Produkt in $[\mathfrak{a}\,\mathfrak{b}]\,\mathfrak{r}$ und $[[\mathfrak{a}\,\mathfrak{b}]\,\mathfrak{r}]$
3. $\left.\begin{matrix}\mathfrak{a}\,(\mathfrak{b}\\ \mathfrak{a})\,\mathfrak{b}\end{matrix}\right\}$ als skalare Dyade in $(\mathfrak{a};\,\mathfrak{b})\,\mathfrak{r}$ oder $\mathfrak{r}\,(\mathfrak{a};\,\mathfrak{b})$
4. $\left.\begin{matrix}\mathfrak{a}\,[\mathfrak{b}\\ \mathfrak{a}]\,\mathfrak{b}\end{matrix}\right\}$ in $\mathfrak{a}\,[\mathfrak{b}\,\mathfrak{r}]$ oder $[\mathfrak{r}\,\mathfrak{a}]\,\mathfrak{b}$
5. $\left.\begin{matrix}[\mathfrak{a}\,[\mathfrak{b}\\ \mathfrak{a}]\,\mathfrak{b}]\end{matrix}\right\}$ als rotorische Dyade in $(\mathfrak{a} \underset{,}{\times} \mathfrak{b})\,\mathfrak{r}$ oder $\mathfrak{r}\,(\mathfrak{a} \underset{,}{\times} \mathfrak{b})$,

wobei die Verbindung (4) sich unter (2) einordnen läßt, da

$$\mathfrak{a}\,[\mathfrak{b}\,\mathfrak{r}] = [\mathfrak{a}\,\mathfrak{b}]\,\mathfrak{r}$$

ist.

Zur Angabe der Dyaden ist es notwendig, die Richtung der beiden Vektoren $\mathfrak{a}$ und $\mathfrak{b}$ und das Produkt der absoluten Beträge zu kennen. Dadurch sind auch immer die beiden ersten Kombinationen, das skalare und das vektorielle Produkt, mitbestimmt. Man bezeichnet dieselben in der Dyadenrechnung als *ersten Skalar* resp. *ersten Rotor der Dyade*.

Die skalare Dyade kennzeichnet Jaumann, der zu der systematischen Ausgestaltung der Dyadenrechnung bemerkenswerte Beiträge geliefert hat, in der Schreibweise durch einen *oben* angefügten Index $s$, die rotorische Dyade durch den Index $r$, wenn beide Arten in der Rechnung auftreten. Es ist also, wenn wir für ein einzelnes dyadisches Glied den Buchstaben $\Lambda$ benutzen,

$$\Lambda^{s} = \mathfrak{a}\,(\mathfrak{b} = \mathfrak{a}\mathfrak{b}\,\cdot = \mathfrak{a}\,;\,\mathfrak{b},$$
$$\Lambda^{r} = [\mathfrak{a}\,[\mathfrak{b} \doteq \mathfrak{a}\mathfrak{b}\,\times = \mathfrak{a}\overset{+}{,}\mathfrak{b}.$$

Der erste Skalar der Dyade, $(\mathfrak{a}, \mathfrak{b})$, wird bezeichnet durch $\Lambda^{s}_{s}$, oder als eine von der rotorischen Dyade abgeleitete Form $-\frac{1}{2}\,\Lambda^{r}_{s}$, so daß

$$\Lambda^{s}_{s} = (\mathfrak{a}\mathfrak{b}),$$
$$\Lambda^{r}_{s} = -2\,(\mathfrak{a}\mathfrak{b}).$$

Der erste Rotor der Dyade, $[\mathfrak{a}\mathfrak{b}]$, wird bezeichnet durch $\Lambda^{s}_{r}$ resp. $-\Lambda^{r}_{r}$, also

$$\Lambda^{s}_{r} = -\Lambda^{r}_{r} = [\mathfrak{a}\mathfrak{b}].$$

Es gibt eine Reihe interessanter Beziehungen zwischen Dyaden und Vektoren und einfache Rechnungsregeln für die Verbindung der Dyaden mit anderen Dyaden und mit Vektoren, so für die Gebilde

$$\mathfrak{A}\,;\,\mathfrak{B}\,;\,\mathfrak{C} \quad \text{und} \quad \mathfrak{A}\,;\,\mathfrak{B}\,;\,\mathfrak{C}\,;\,\mathfrak{D},$$

die man Triaden und Tetraden nennt. Sie lassen sich nach den Regeln der Dyaden auf die nächst niederen Gebilde zurückführen, wenn sie mit Vektoren verbunden („multipliziert") werden. Es ist z. B.

$$\mathfrak{a}\,(\mathfrak{A}\,;\,\mathfrak{B}\,;\,\mathfrak{C}) = (\mathfrak{a}\,\mathfrak{A})\,\mathfrak{B}\,;\,\mathfrak{C}$$

offenbar eine Dyade. Hierauf näher einzugehen, würde zu weit führen; es sei verwiesen auf das Buch von Jaumann „Die Grundlagen der Bewegungslehre von einem modernen Standpunkte aus dargestellt", ferner insbesondere auf Spielrein „Lehrbuch der Vektorrechnung", Runge „Vektoranalysis" und Lohr „Vektor- und Dyadenrechnung für Physiker und Techniker" (1939), Bücher, in denen sich auch zahlreiche Beispiele der Benutzung der Dyaden zur Darstellung der Differentialoperationen an Vektoren finden. In ihnen sind weiter auch Differentialoperationen an Dyaden selbst durchgeführt; es sei hier als Beispiel nur auf die Ausübung des Nablaoperators hingewiesen. Man nennt den Ausdruck $\nabla\,(\Phi s)$, d. i. die Anwendung des Nablaoperators auf den Tensor $\Phi s$, nach Emde-Spielrein „Traktor $(\Phi)$"; es ist

$$\nabla\,(\Phi s) = \frac{\partial \mathfrak{K}_1}{\partial x} + \frac{\partial \mathfrak{K}_2}{\partial y} + \frac{\partial \mathfrak{K}_3}{\partial z}\,,$$

wenn $\mathfrak{K}_1$, $\mathfrak{K}_2$, $\mathfrak{K}_3$ die drei Koordinatenvektoren des Tensors $\Phi s$ in den Richtungen $x$, $y$, $z$ sind.

# Anhang

## Zusammenstellung einiger wichtiger Formeln

### I. Teil

| | Seite | |
|---|---|---|
| 1. | 20 | $\mathfrak{a} = a_1 \mathfrak{b} + a_2 \mathfrak{c}$, wenn $\mathfrak{a}, \mathfrak{b}, \mathfrak{c}$ komplanar. |
| 2. | 25 | $\mathfrak{a} \cdot \mathfrak{b} = \lvert\mathfrak{a}\rvert \lvert\mathfrak{b}\rvert \cos(\mathfrak{a}\mathfrak{b}) = a_1 b_1 + a_2 b_2 + a_3 b_3$; skalares Produkt. |
| 3. | 25 | $\mathfrak{a} \cdot \mathfrak{b} = 0$, Bedingung, daß $\mathfrak{a} \perp \mathfrak{b}$; $\mathfrak{a}^2 = \lvert\mathfrak{a}\rvert^2$. |
| 4. | 28 | $[\mathfrak{a} \cdot \mathfrak{b}] = \lvert\mathfrak{a}\rvert \lvert\mathfrak{b}\rvert \sin(\mathfrak{a}\mathfrak{b})\, \bar{\mathfrak{c}} = -[\mathfrak{b}\mathfrak{a}]$; Vektorprodukt; $\bar{\mathfrak{c}}$ senkrecht zur Ebene durch $\mathfrak{a}, \mathfrak{b}$. |
| 5. | 30 | $[\mathfrak{a} \cdot \mathfrak{b}] = 0$, Bedingung, daß $\mathfrak{a} \parallel \mathfrak{b}$. |
| 6. | 35 | $\mathfrak{c}[\mathfrak{a}\mathfrak{b}] = \mathfrak{b}[\mathfrak{c}\mathfrak{a}] = \mathfrak{a}[\mathfrak{b}\mathfrak{c}] = \mathfrak{a}\mathfrak{b}\mathfrak{c}$ = Inhalt des Parallelepipeds mit den Kanten $\mathfrak{a}, \mathfrak{b}, \mathfrak{c}$; Pseudoskalar. |
| 7. | 37 | $[\mathfrak{a}[\mathfrak{b}\mathfrak{c}]] = (\mathfrak{c}\mathfrak{a})\mathfrak{b} - (\mathfrak{b}\mathfrak{a})\mathfrak{c}$. |
| 8. | 38 | $[\mathfrak{a}\mathfrak{b}][\mathfrak{c}\mathfrak{d}] = (\mathfrak{a}\mathfrak{c})(\mathfrak{b}\mathfrak{d}) - (\mathfrak{b}\mathfrak{c})(\mathfrak{a}\mathfrak{d})$. |
| 9. | 38 | $[[\mathfrak{a}\mathfrak{b}][\mathfrak{c}\mathfrak{d}]] = \mathfrak{c}(\mathfrak{a}\mathfrak{b}\mathfrak{d}) - \mathfrak{d}(\mathfrak{a}\mathfrak{b}\mathfrak{c})$. |
| 10. | 44 | $\bar{\mathfrak{a}}\, d\bar{\mathfrak{a}} = 0$, d. h. $\bar{\mathfrak{a}} \perp d\bar{\mathfrak{a}}$. |
| 11. | 47 | Beschleunigung: $\mathfrak{b} = -\bar{\mathfrak{S}} \frac{v^2}{S} + \overline{d\mathfrak{s}} \frac{dv}{dt}$, wenn $\mathfrak{S}$ Krümmungsradius, $v$ Geschwindigkeit in der Bahn. |
| 12. | 51 | $\operatorname{grad} V = \nabla V = \frac{\partial V}{\partial x}\mathfrak{i} + \frac{\partial V}{\partial y}\mathfrak{j} + \frac{\partial V}{\partial z}\mathfrak{k}$. |
| 13. | 51 | $\bar{\mathfrak{s}} \operatorname{grad} V = \bar{\mathfrak{s}} \nabla V = \frac{dV}{ds}$. |

| | Seite | |
|---|---|---|
| 14. | 53 | $(\bar{\mathfrak{a}}\ \mathfrak{Grad})\ \mathfrak{V} = (\bar{\mathfrak{a}}\ \nabla)\ \mathfrak{V} = d_{\bar{\mathfrak{a}}}\mathfrak{V}$ $= (\bar{\mathfrak{a}}\nabla)\ V_x \cdot \mathfrak{i} + (\bar{\mathfrak{a}}\nabla)\ V_y \cdot \mathfrak{j} + (\bar{\mathfrak{a}}\nabla)\ V_z \cdot \mathfrak{k}.$ |
| 15.[1] | 54(69) | $\frac{d\mathfrak{V}}{dt} = \frac{\partial\mathfrak{V}}{\partial t} + (\mathfrak{v}\nabla)\ \mathfrak{V} = \frac{\partial\mathfrak{V}}{\partial t} + [\mathrm{rot}\,\mathfrak{V}\cdot\mathfrak{v}] + \mathrm{grad}\,(\mathfrak{V}\cdot\mathfrak{v})_{\mathfrak{v}}.$ |
| 16.[1] | 54 | $\frac{dV}{dt} = \frac{\partial V}{\partial t} + (\mathfrak{v}\nabla)\ V.$ |
| 17. | 55 | $\mathrm{rot}\,\mathfrak{V} = [\nabla\,\mathfrak{V}] = \mathfrak{i}\left(\frac{\partial V_z}{\partial y} - \frac{\partial V_y}{\partial z}\right) + \mathfrak{j}\left(\frac{\partial V_x}{\partial z} - \frac{\partial V_z}{\partial x}\right) + \mathfrak{k}\left(\frac{\partial V_y}{\partial x} - \frac{\partial V_x}{\partial y}\right).$ |
| 18. | 55 | $\mathrm{div}\,\mathfrak{V} = \nabla\,\mathfrak{V} = \frac{\partial V_x}{\partial x} + \frac{\partial V_y}{\partial y} + \frac{\partial V_z}{\partial z}$ |
| | 60 | $= \lim_{d\tau = 0} \frac{\oint \mathfrak{V}\cdot d\mathfrak{o}}{d\tau}.$ |
| 19. | 59 | $\oint \mathfrak{V}\cdot d\mathfrak{o} = \int \mathrm{div}\,\mathfrak{V}\cdot d\tau.$ Integralsatz von Gauß. |
| 20. | 65 | $\mathrm{rot}\,\mathfrak{v} = 2\,\mathfrak{u}.$ $\mathfrak{v}$ Geschwindigkeit, $\mathfrak{u}$ Winkelgeschwindigkeit. |
| 21. | 67 | $\mathrm{rot}\,\mathfrak{V}\cdot\bar{\mathfrak{o}} = \lim_{do = 0} \cdot \frac{\oint \mathfrak{V}\,d\mathfrak{s}}{do}.$ |
| 22. | 68 | $\oint \mathfrak{V}\cdot d\mathfrak{s} = \int \mathrm{rot}\,\mathfrak{V}\cdot d\mathfrak{o}.$ Integralsatz von Stokes. |
| 23.[2] | 69 | $\frac{d\mathfrak{v}}{dt} = \frac{\partial\mathfrak{v}}{\partial t} + \frac{1}{2}\nabla\mathfrak{v}^2 - [\mathfrak{v}\ \mathrm{rot}\,\mathfrak{v}].$ |
| 24. | 71 | $\frac{d}{dt}\int_F \mathfrak{V}\cdot d\mathfrak{o} = \int_F \left\{\frac{\partial\mathfrak{V}}{\partial t} + \mathfrak{v}\cdot\mathrm{div}\,\mathfrak{V} + \mathrm{rot}[\mathfrak{V}\cdot\mathfrak{v}]\right\} do$ = Gesamtänderung des Vektorflusses durch eine Fläche $F$, die sich mit der Geschwindigkeit $\mathfrak{v}$ bewegt. |

[1] $\mathfrak{V}$ resp. $V$ ist der Ausdruck der Eigenschaft eines materiellen Trägers, der sich mit der Geschwindigkeit $\mathfrak{v}$ bewegt.

[2] $\mathfrak{v}$ = Geschwindigkeit eines materiellen Trägers.

| | Seite | |
|---|---|---|
| 25. | 74 | $\operatorname{div}\operatorname{grad} a = \frac{\partial^2 a}{\partial x^2} + \frac{\partial^2 a}{\partial y^2} + \frac{\partial^2 a}{\partial z^2} = \nabla^2 a = \Delta a.$ |
| 26. | 74 | $\operatorname{rot}\operatorname{grad} a = 0.$ |

## II. Teil

### 1. Kapitel

| | | |
|---|---|---|
| 27. | 84 | $\operatorname{div}\mathfrak{a} = \nabla\nabla V = \frac{2}{r}\frac{dV}{dr} + \frac{d^2 V}{dr^2} = 0,$ Laplacesche Gleichung. |
| 28. | 85 | $V = -\int\frac{\varrho\, d\tau}{r} - \int\frac{\omega}{r}\, df + \int\left(\chi(\bar{\mathfrak{n}}\nabla)\frac{1}{r}\right) df.$ Newtonsches Potential (Feld wirbelfrei,) wenn |
| 29. | 84 | $4\pi\varrho = \nabla^2 V = \operatorname{div}\mathfrak{a},$ |
| 30. | 85 | $4\pi\omega = ((\bar{\mathfrak{n}}\nabla)V)_1 + ((\bar{\mathfrak{n}}\nabla)V)_2,$ Flächendivergenz, bestimmt durch die Unstetigkeit der ersten Ableitungen von $V$ in Richtung der Normale einer Fläche beim Durchschreiten der Fläche. |
| 31. | 85 | $4\pi\chi = V_1 - V_2$ Doppelquelle mit dem Moment $\chi\bar{\mathfrak{n}}$, bestimmt durch die Unstetigkeit von $V$ an Flächen beim Durchschreiten der Fläche. |
| 32. | 86 | $\oint (V \operatorname{grad} U)\, d\mathfrak{o}$ $= \int (V \operatorname{div}\operatorname{grad} U)\, d\tau + \int (\operatorname{grad} U \operatorname{grad} V)\, d\tau$ |
| 33. | 86 | $\oint (U \operatorname{grad} U)\, d\mathfrak{o}$ $= \int (U \operatorname{div}\operatorname{grad} U + (\operatorname{grad} U)^2)\, d\tau$ Nr. **32** und **33**: Hilfssätze von Green. |

### 2. Kapitel

| | | |
|---|---|---|
| 34. | 94 | $\varrho\frac{d^2\mathfrak{r}}{dt^2} = \varrho\mathfrak{P} + \frac{\partial\mathfrak{P}_x}{\partial x} + \frac{\partial\mathfrak{P}_y}{\partial y} + \frac{\partial\mathfrak{P}_z}{\partial z}.$ Bewegungsgleichung bei flüssigen Körpern. |
| 35. | 95 | $\frac{\partial\mathfrak{v}}{\partial t} + (\mathfrak{v}\nabla)\mathfrak{v} = \mathfrak{P} + \frac{1}{\varrho}\operatorname{grad} p.$ Eulersche Form. |
| 36. | 96 | $\operatorname{div}\mathfrak{v} = 0.$ Inkompressibilitätsbedingung. |
| 37. | 97 | $\frac{d\mathfrak{u}}{dt} = (\mathfrak{u}\nabla)\mathfrak{v}.$ Satz von Helmholtz über Wirbelbewegung. |

| | Seite | |
|---|---|---|
| | | **3. Kapitel** |
| 38. | 105 | $\mathfrak{W} = \text{grad}\, V + \text{rot}\, \mathfrak{w}$. Beliebiges Vektorfeld mit Quellen und Wirbeln. $= \text{grad Pot}\, \varrho + \text{rot Pot}\, \mathfrak{u}_0 = \text{New}\, \varrho + \text{Lap}\, \mathfrak{u}_0$ |
| 39. | 108 | $4\pi\, \mathfrak{H} = \text{rot} \oint \frac{i}{r}\, d\mathfrak{s} = -\oint \left[\frac{\mathfrak{r}\, i}{r^3}\, d\mathfrak{s}\right]$. Biot-Savartsches Gesetz. |
| | | **III. Teil** |
| 40. | 109 | $\left.\begin{aligned} a_1 &= b_1\lambda_1 + b_2\mu_1 + b_3\nu_1 \\ a_2 &= b_1\lambda_2 + b_2\mu_2 + b_3\nu_2 \\ a_3 &= b_1\lambda_3 + b_2\mu_3 + b_3\nu_3 \end{aligned}\right\}$ $\mathfrak{a}$ lineare Vektorfunktion von $\mathfrak{b}$. $\mathfrak{a} = \Phi \cdot \mathfrak{b}$. |
| 41. | 112 | $\Phi = \Phi_c$: symmetrische Dyade oder Tensor. |
| 42. | 113 | $\Phi = \frac{1}{2}(\Phi + \Phi_c) + \frac{1}{2}(\Phi - \Phi_c)$; $\Phi_c$ konjugiert zu $\Phi$, dann $\frac{1}{2}(\Phi + \Phi_c)$ ein Tensor. |
| 43. | 124 | $(\bar{\mathfrak{a}}\, \nabla)\, \mathfrak{V} = \bar{\mathfrak{a}}\Phi_c = \Phi \cdot \bar{\mathfrak{a}}$ (vgl. Nr. 14). |

# SAMMLUNG GÖSCHEN

Lieferbare und neue Bände

Jeder Band DM 2.40

## A. Geisteswissenschaften

Nr. 19 **Altheim, F., Römische Geschichte.** I. Teil: Bis zur Schlacht bei Pydna. 1948. 123 S.

Nr. 30 **Kleffner, W., Kartenkunde.** 3. Aufl. 1950. 152 S.

Nr. 42 **Behn, F., Vorgeschichte Europas.** 7. Aufl. Mit 47 Abb. 1949. 125 S.

Nr. 59 **Krahe, H., Indogermanische Sprachwissenschaft.** 2. Aufl. 1948. 134 S.

Nr. 66 **Berneker, E., u. M. Vasmer, Russische Grammatik.** 6., unveränderte Aufl. 1947. 155 S.

Nr. 70 **Nestle, W., Geschichte der griechischen Literatur.** I. Von den Anfängen bis auf Alexander d. Gr. 2., verb. Aufl. Neudruck. 1950 144 S.

Nr. 101 **Wiese, L. v., Soziologie.** Geschichte und Hauptprobleme. 4. Aufl. 1950. 148 S.

Nr. 125 **Vossler, K., Italienische Literaturgeschichte.** Unveränderter Nachdruck der 1927 erschienenen 4., durchges. und verbesserten Aufl. 1948. 148 S.

Nr. 200 **Gottschald, M., Rechtschreibungswörterbuch.** In Vorbereitung.

Nr. 238 **Krahe, H., Germanische Sprachwissenschaft.** Bd. I. 2. Aufl. 1948. 127 S.

Nr. 270 **Kirn, P., Einführung in die Geschichtswissenschaft.** 1947. 132 S.

Nr. 279 **Jacob, K., Quellenkunde der deutschen Geschichte im Mittelalter (bis zur Mitte des 15. Jahrh.).** I: Einleitung. Allgemeiner Teil. Die Zeit der Karolinger. 5. Aufl. 1949. 118 S.

Nr. 280 ——, II: Die Kaiserzeit (918—1250). 4. Aufl. 1949. 127 S.

Nr. 500 **Simmel, G., Hauptprobleme der Philosophie.** 7., unveränderte Aufl. 1950. In Vorbereitung.

Nr. 557 **Nestle, W., Geschichte der griechischen Literatur.** II. Von Alexander d. Gr. bis zum Ausgang der Antike. 2. verbesserte Aufl. 1945. 128 S.

Nr. 564 **Behn, F., Kultur der Urzeit.** Bd. I. Steinzeit. 3. Aufl. In Vorbereitung.

Nr. 565 ——, Bd. II. Bronzezeit. 4. Aufl. In Vorbereitung.

Nr. 566 ——, Bd. III. Eisenzeit. 4. Aufl. In Vorbereitung.

Nr. 573 **Helbok, A., Die Ortsnamen im Deutschen.** Durchgesehener Neudruck. Mit 6 Karten. 1944. 126 S.

Nr. 677 **Altheim, F., Römische Geschichte.** II. Teil: Bis zur Begründung des Prinzipats. 1948. 141 S.

Nr. 770 **Beckh, H., Buddhismus** (Buddha und seine Lehre). II. Die Lehre. 3. Aufl. 1928. 135 S.

Nr. 780 **Krahe, H., Germanische Sprachwissenschaft.** Bd. II. 2. Aufl. 1948. 140 S.

Nr. 781 **Weigert, H., Stilkunde.** II. Spätmittelalter. Neuzeit. Neudruck. Mit 84 Abb. 1944. 141 S.

Nr. 807 **Kropp, G., Erkenntnistheorie.** I. Allgemeine Grundlegung. 1950. 143 S.

Nr. 929 **Schirmer, A., Deutsche Wortkunde.** 3. Aufl. 1949. 109 S.

Nr. 1000 **Jaspers, K., Die geistige Situation der Zeit** (1931). Zweiter unveränderter Abdruck der im Sommer 1932 bearbeiteten 5. Aufl. 1949. 232 S.

Nr. 1008 **Mellerowicz, K., Allgemeine Betriebswirtschaftslehre.** 1. Bd. 6., unveränderte Aufl. 1948. 134 S.

Nr. 1031 **Apel, M., Philosophisches Wörterbuch.** 3. Aufl. In Vorbereitung.

Nr. 1034 **Kranefeldt, W. M., Therapeutische Psychologie.** Analytische Psychologie (Freud, Adler, Jung). 2. Aufl. 1950. In Vorbereitung.

Nr. 1045 **Schubert, H., Die Technik des Klavierspiels.** 2. Aufl. 1946. 132 S.

Nr. 1065 **Haller, J., Von den Karolingern zu den Staufern.** Die altdeutsche Kaiserzeit (900—1250). Mit 4 Karten. 3. Aufl. 1944. 141 S.

Nr. 1085 **Lietzmann, H., Zeitrechnung der römischen Kaiserzeit, des Mittelalters und der Neuzeit für die Jahre 1—2000 n. Chr.** Neudruck. 1946. 127 S.

Nr. 1086 **Müller, G., Deutsches Dichten und Denken vom Mittelalter zur Neuzeit** (1270—1700). 2. Aufl. 1949. 159 S.

Nr. 1094 **Hernried, R., Systematische Modulation.** 2. Aufl. In Vorbereitung.

Nr. 1096 **Viëtor, K., Deutsches Dichten und Denken. Von der Aufklärung bis zum Realismus** (1700—1890). 2. Aufl. 1949. 156 S.

Nr. 1115 **Ranke, F., Altnordisches Elementarbuch.** Neudruck. 1949. 146 S.

Nr. 1116 **Meißner, P., Englische Literaturgeschichte. II.** Von der Renaissance bis zur Aufklärung. Durchgesehener Neudruck. 1944. 139 S.

Nr. 1117 **Haller, J., Der Eintritt der Germanen in die Geschichte.** Mit sechs Kartenskizzen. 2., verbess. Aufl. 1944. 119 S.

Nr. 1122 **Feist, H., Sprechen und Sprachpflege.** Mit 25 Abb. 1938. 107 S.

Nr. 1124 **Meißner, P., Englische Literaturgeschichte. III.** Romantik und Victorianismus. Durchgesehener Neudruck. 1944. 150 S.

Nr. 1125 **Lehnert, M., Altenglisches Elementarbuch. 2.,** verbesserte und vermehrte Aufl. 1950. 176 S.

Nr. 1130 **Dibelius, M., Jesus.** 2. Aufl. Neudruck. 1949. 141 S.

Nr. 1135 **Lehnert, M., Beowulf.** 2., verbesserte Aufl. 1949. 135 S.

Nr. 1136 **Meißner, P., Englische Literaturgeschichte. IV.** Das 20. Jahrhundert. Durchgesehener Neudruck. 1944. 157 S.

Nr. 1148 **Pepping, E., Der Polyphone Satz. I. Der cantusfirmus Satz.** 2. Aufl. 1950. 224 S.

Nr. 1149 **Wiesner, J., Vor- und Frühzeit der Mittelmeerländer.** I. Das östliche Mittelmeer. Mit einer Textabb. und 7 Tafeln. 1943. 177 S.

Nr. 1150 — —, II. Das westliche Mittelmeer. Mit 3 Textabb. und 7 Tafeln. 1943. 129 S.

Nr. 1153 **Mellerowicz, K., Allgemeine Betriebswirtschaftslehre.** 2. Bd. 6. unveränderte Aufl. 1948. 123 S.

Nr. 1154 — —, 3. Bd. 6. unveränderte Aufl. 1948. 153 S.

## B. Naturwissenschaften und Technik

Nr. 3 **Ende, E. vom, Die Maschinenelemente.** 2., verbesserte Aufl. Mit 175 Fig. und 12 Tafeln. 1950. In Vorbereitung.

Nr. 29 **Brauns, R.,** u. **K. F. Chudoba, Mineralogie.** 8., neubearbeitete Aufl. Mit 125 Textfiguren und 9 Abb. auf einer Tafel. 1943. 143 S.

Nr. 37 **Klemm, W., Anorganische Chemie.** 6. Aufl. Mit 18 Abb. 1944. 184 S.

Nr. 38 **Schlenk, W., Organische Chemie.** 5. Aufl. Mit 17 Fig. 1949. 239 S.

Nr. 47 **Fischer, P. B., Arithmetik.** 2. Aufl. 1948. 152 S.

Nr. 51 **Ringleb, F., Mathematische Formelsammlung.** 5., verbesserte Aufl. Mit 57 Fig. 1949. 274 S.

Nr. 71 **Schulze, W., Allgemeine und physikalische Chemie.** I. Teil. 3., durchgesehene Aufl. Mit 22 Fig. 1949. 146 S.

Nr. 87 **Witting, A., Differentialrechnung.** 3., neubearb. Aufl. Mit 95 Fig. und 200 Beispielen. Durchgesehener Neudruck. 1949. 201 S.

Nr. 88 —, **Integralrechnung.** 2., verbesserte Aufl. Durchgesehener Neudruck. Mit 62 Fig. und 190 Beispielen. 1949. 176 S.

Nr. 136 **Mahler, G., Physikalische Formelsammlung.** 8., verbess. Aufl. 1950. 153 S. In Vorbereitung.

Nr. 142 **Haussner, R., Darstellende Geometrie.** 1. Teil: Elemente, Ebenflächige Gebilde. 6., unveränderte Aufl. Mit 110 Fig. im Text. 1947. 207 S.

Nr. 143 — —, 2. Teil: Perspektive ebener Gebilde, Kegelschnitte. 5,. unveränderte Aufl. Mit 88 Fig. im Text. 1947. 168 S.

Nr. 146 **Witting, A., Repetitorium und Aufgabensammlung zur Differentialrechnung.** 2. Aufl. Neudruck. 1949. 122 S.

Nr. 147 —, **Repetitorium und Aufgabensammlung zur Integralrechnung.** 2. Aufl. Neudruck. 1949. 121 S.

Nr. 173 **Bruhns, W., u. P. Ramdohr, Petrographie.** 3., durchgesehene Aufl. Mit 10 Figuren. 1949. 117 S.

Nr. 180 **Böhm, F., Versicherungsmathematik.** I. Elemente der Versicherungsrechnung. 2., vermehrte und verbesserte Aufl. Durchgesehener Neudruck. 1946. 151 S.

Nr. 210 **Bruhns, W., u. P. Ramdohr, Kristallographie.** 4. Aufl. In Vorbereitung.

Nr. 221 **Jander, G., u. K. F. Jahr, Maßanalyse.** Theorie und Praxis der klassischen und der elektrochemischen Titrierverfahren. Bd. I. 5. Aufl. Mit 18 Fig. 1948. 140 S.

Nr. 222 **Hassak-Beutel, Warenkunde.** 7. Aufl. Neubearb. von A. Kutzelnigg. Bd. I: Anorganische Waren sowie Kohle und Erdöl. Mit 19 Fig. 1947. 116 S.

Nr. 223 — —, Bd. II: Organische Waren. Mit 32 Fig. 1949. 143 S.

Nr. 247 **Hoppe, J., Analytische Chemie I.** Reaktionen. 5., verb. Aufl. 1950. 135 S.

Nr. 248 — —, **II.** Gang der qualitativen Analyse. 5., verbess. Aufl. 1950. 168 S.

Nr. 252 **Daßler, A., Elektrochemie I.** Mit 21 Abb. 1950. In Vorbereitung.

Nr. 253 — —, **II.** Mit 17 Abb. 1950. In Vorbereitung.

Nr. 256 **Haussner, R., Sammlung von Aufgaben und Beispielen zur analytischen Geometrie der Ebene.** Mit 22 Fig. Neudruck. 1949. 139 S.

Nr. 257 **Humburg, K., Die Gleichstrommaschine I.** Durchgesehener Neudruck. Mit 59 Abb. 1949. 102 S.

Nr. 342 **Körting, J., u. W. Körting, Heizung und Lüftung. I.** Das Wesen u. die Berechnung der Heizungs- u. Lüftungsanlagen. 8., verbess. Aufl. Mit 29 Abb. u. 14 Zahlentafeln. 1950. In Vorbereitung.

Nr. 343 — —, **II.** Die Ausführung der Heizungs- u. Lüftungsanlagen. 7. neubearb. Aufl. Mit 141 Abb. u. 8 Zahlentafeln. 1944. 126 S.

Nr. 354 **Valentiner, S., Vektoranalysis.** 7., wesentl. veränderte Aufl. Mit 19 Fig. 1950. In Vorbereitung.

Nr. 389 **Diels, L., Pflanzengeographie.** 4., verb. Aufl. Mit 1 Karte. 1945. 167 S.

Nr. 405 **Werkmeister, P., Praktisches Zahlenrechnen.** 4. Aufl. Mit 60 Fig. 1950. 136 S. In Vorbereitung.

Nr. 423 **Adler, A., Fünfstellige Logarithmen.** Mit mehreren graphischen Rechentafeln und häufig vorkommenden Zahlwerten. 2. Aufl. Neudruck. 1 Tafel. 1949. 127 S.

Nr. 432 **Borchers, H., Metallkunde. I.** Aufbau der Metalle und Legierungen. Mit 2 Tab. und 90 Abb. 2. Aufl. 1950. 110 S.

Nr. 445 **Asmus, E., Physikalisch-Chemische Rechenaufgaben.** 2. Aufl. 1949. 96 S.

Nr. 468 **Werkmeister, P., Vermessungskunde. I.** Stückmessung u. Nivellieren. 9. Aufl. Mit 145 Figuren. 1949. 172 S.

Nr. 469 ——, II. Messung von Horizontalwinkeln. Festlegung von Punkten im Koordinatensystem. Absteckungen. 7. Aufl. Mit 63 Fig. 1949. 151 S.

Nr. 483 **Henglein, M., Lötrohrprobierkunde.** Mineraldiagnose mit Lötrohr und Tüpfelreaktion. 3., verb. Aufl. Mit 11 Fig. 1949. 91 S.

Nr. 585 **Dehnert, H., Verkehrswasserbau I:** Entwurfsgrundlagen. Flußregelungen. Mit 52 Textabb. 1950. 102 S.

Nr. 589 **Tochtermann, W., Das Maschinenzeichnen mit Einführung in das Konstruieren.** I: Das Maschinenzeichnen. 4. Aufl. Mit 77 Tafeln. 1950. 156 S. In Vorbereitung.

Nr. 590 ——, II: Ausgeführte Konstruktionsbeispiele. 4. Aufl. Mit 58 Tafeln. 1950. 130 S. In Vorbereitung.

Nr. 597 **Dehnert, H., Verkehrswasserbau II:** Flußkanalisierungen u. Schiffahrtskanäle. Mit 60 Textabb. 1950. 92 S.

Nr. 668 **Knopp, K., Funktionentheorie I:** Grundlagen der allgemeinen Theorie der analytischen Funktionen. Mit 8 Fig. 7. Aufl. 1949. 139 S.

Nr. 691 **Fauser, O., Kulturtechnische Bodenverbesserungen.** I.: Allgemeines, Entwässerung. 4., neubearbeitete Aufl. 1947. 122 S.

Nr. 692 ——, II.: Bewässerung, Ödlandkultur, Umlegung. 4., neubearb. Aufl. 1948. 150 S.

Nr. 698 **Schulze, W., Allgemeine und physikalische Chemie.** II. Teil. 3., durchges. Aufl. Mit 36 Fig. 1949. 160 S.

Nr. 703 **Knopp, K., Funktionentheorie II.** Anwendungen und Weiterführung der allgemeinen Theorie. Mit 7 Fig. 7. Aufl. 1949. 130 S.

Nr. 711 **Kesselring, F., Theoretische Grundlagen zur Berechnung der Schaltgeräte.** 3. Aufl. Mit 92 Abb. 1950. 143 S. In Vorbereitung.

Nr. 718 **Neger, W. u. E. Münch, Die Laubhölzer.** 3., durchges. Aufl., herausgegeben von B. Huber. Mit 63 Fig. u. 7 Tab. 1950. 142 S. In Vorbereitung.

Nr. 768 **Bieberbach, L., Einführung in die konforme Abbildung.** 4. Aufl. Mit 42 Zeichnungen. 1949. 147 S.

Nr. 837 **Baumgartner, L., Gruppentheorie.** 2. Aufl. Mit 6 Fig. 1949. 115 S.

Nr. 862 **Werkmeister, P., Vermessungskunde.** III. Trigonometrische und barometrische ..öhenmessung. Tachymetrie und Topographie. 6. Aufl. Mit 64 Fig. 1949. 147 S.

Nr. 877 **Knopp, K., Aufgabensammlung zur Funktionentheorie.** I. Aufgaben zur elementaren Funktionentheorie. 4. Aufl. 1949. 135 S.

Nr. 878 — —, II. Aufgaben zur höheren Funktionentheorie. 4. Aufl. 1949. 151 S.

Nr. 881 **Humburg, K., Die Gleichstrommaschine II.** Mit 38 Abb. Durchgesehener Neudruck. 1949. 98 S.

Nr. 931 **Hasse, H., Höhere Algebra I.** Lineare Gleichungen. 3. Aufl. 1950. 160 S. In Vorbereitung.

Nr. 932 — —, II. Gleichungen höheren Grades. 3. Aufl. Mit 5 Fig. 1950. 158 S. In Vorbereitung.

Nr. 952 **Schäfer, W., Transformatoren.** 2. Aufl. Mit 74 Abb. 1949. 128 S.

Nr. 972 **Herter, K., Vergleichende Physiologie der Tiere I:** Stoff- und Energiewechsel. 3. Aufl. Mit 64 Abb. 1950. 155 S.

Nr. 973 — —, II.: Bewegung und Reizerscheinungen. 3. Aufl. Mit 110 Abb. 1950. 148 S.

Nr. 984 **Graf, O., Die wichtigsten Baustoffe des Hoch- u. Tiefbaues.** 3., verb. Aufl. Mit 58 Abb. 1947. 126 S.

Nr. 999 **Kamke, E., Mengenlehre.** 2., durchges. Aufl. Mit 6 Fig. 1947. 160 S.

Nr. 1002 **Jander, G., u d K. F. Jahr, Maßanalyse.** Theorie und Praxis der klassischen und der elektrochemischen Titrierverfahren. Band 2. 5. Aufl. Mit 24 Fig. 1948. 139 S.

Nr. 1057 **Roth, W. A., Thermochemie.** 2., verbess. Aufl. 1947. 109 S.

Nr. 1070 **Sauter, F., Differentialgleichungen der Physik.** 2. Aufl. Mit 16 Fig. 1950. 148 S.

Nr. 1082 **Hasse, H., Aufgabensammlung zur höheren Algebra.** 2. Aufl. 1950. In Vorbereitung.

Nr. 1084 **Nußelt, W., Technische Thermodynamik.** I.: Grundlagen. 3., verbess. Aufl. Mit 71 Abb. 1950. 144 S. In Vorbereitung.

Nr. 1092 **Wickop, W., Fenster, Türen, Tore aus Holz und Eisen.** 3., überarbeitete und ergänzte Aufl. Mit 96 Abb. 1949. 154 S.

Nr. 1109 **Knopp, K., Elemente der Funktionentheorie.** 3. Aufl. Mit 23 Fig. 1949. 144 S.

Nr. 1110 **Schulz, G., Formelsammlung zur praktischen Mathematik.** Durchgesehener Neudruck. Mit 10 Abb. 1945. 147 S.

Nr. 1127 **Hartmann, M., Geschlecht und Geschlechtsbestimmung im Tier- und Pflanzenreich.** 2. Aufl. Mit 62 Abb. 1950. In Vorbereitung.

Nr. 1128 **Buchner, P., Symbiose der Tiere mit pflanzlichen Mikroorganismen.** 2., verb. u. vermehrte Aufl. Mit 121 Abb. 1949. 130 S.

Nr. 1131 **Scholz, A., Einführung in die Zahlentheorie.** Neudruck. 1945. 136 S.

Nr. 1132 **Frühauf, G., Überspannungen und Überspannungsschutz.** Neudruck. Mit 98 Abb. 1950. 122 S.

Nr. 1134 **Kuckuck, H., Pflanzenzüchtung.** 2., durchges. Aufl. Mit 12 Abb. 1944. 125 S.

Nr. 1137 **Heil, H., Entwicklungsgeschichte des Pflanzenreiches.** 2. Aufl. Mit 94 Abb. 1950. In Vorbereitung.

Nr. 1138 **Hämmerling, J., Fortpflanzung im Tier- und Pflanzenreich.** 2., ergänzte Aufl. Mit 101 Abb. 1950. 135 S. In Vorbereitung.

Nr. 1141 **Koller, G., Hormone.** 2. Aufl. Mit 60 Abb. u. 19 Tab. 1949. 187 S.

Nr. 1146 **Humburg, K., Die synchrone Maschine.** Mit 79 Bildern. 1949. 109 S.

Nr. 1151 **Nußelt, W., Technische Thermodynamik. II.:** Theorie der Wärmekraftmaschinen. Neudruck. Mit 87 Abb. u. 32 Zahlentafeln. 1950. 144 S. In Vorbereitung.

Nr. 1152 **Dehnert, H., Verkehrswasserbau III:** Schleusen und Hebewerke. Mit 70 Textabb. 1950. 98 S.

Nr. 1155 **Schwartz, W., Grundriß der allgemeinen Mikrobiologie.** Band I. Mit 17 Abb. 1949. 104 S.

Nr. 1156 **Meinke, H.-H., Die komplexe Berechnung von Wechselstromschaltungen.** Mit 114 Abb. 1949. 160 S.

Nr. 1157 **Schwartz, W., Grundriß der allgemeinen Mikrobiologie.** Band II. Mit 12 Abb. 1949. 93 S.

---

Walter de Gruyter & Co., Berlin W 35

(386) MDV, Druckerei Luckenwalde 121. 120 000. 3. 50.

FSC
www.fsc.org
MIX
Papier | Fördert
gute Waldnutzung
FSC® C083411

Kolibri 360 GmbH
Ferdinand-Jühlke-Straße 7
99095 Erfurt, Deutschland
produktsicherheit@kolibri360.de